Resiliente

Publicações Pão Diário

SHERIDAN VOYSEY

Resiliente

UM CONVITE PARA VIVER À *semelhança* **DO MESTRE**

Originally published in English under the title:
Resilient: your Invitation to a Jesus-Shaped Life
© 2015 by Sheridan Voysey.
Translated and Published by special arrangement with Our Daily Bread Publishing,
3000 Kraft Avenue SE, Grand Rapids, Michigan 49512 USA

Coordenação Editorial: Dayse Fontoura
Tradução: Hedy Scheffer Silvado
Revisão: Dalila de Assis, Dayse Fontoura, Lozane Winter
Projeto gráfico: Audrey Novac Ribeiro
Diagramação: Denise Duck

Dados Internacionais de Catalogação na Publicação (CIP)

Voysey, Sheridan
Resiliente — Um convite para viver à semelhança do Mestre
Tradução: Hedy Scheffer Silvado — Curitiba/PR, Publicações Pão Diário, 2020.
Título Original: *Resilient: your Invitation to a Jesus-Shaped Life*

1. Sermão do Monte   2. Resiliência   3. Meditação e devoção

Proibida a reprodução total ou parcial, sem prévia autorização, por escrito, da editora. Todos os direitos reservados e protegidos pela Lei 9.610, de 19/02/1998.

Pedidos de permissão para reprodução: permissao@paodiario.org

Exceto quando indicado o contrário, os trechos bíblicos mencionados são da edição Nova Versão Internacional © 2013 Editora Vida.

Publicações Pão Diário
Caixa Postal 4190,
82501-970 Curitiba/PR, Brasil
publicacoes@paodiario.org
www.publicacoespaodiario.com.br
Telefone: (41) 3257-4028

Código: QG743
ISBN: 978-65-86078-64-0

1.ª edição: 2020
Impresso no Brasil

SUMÁRIO

Introdução / 9

PARTE 1: SEU CONVITE

Venha como está / 16
Venha, pobre ou rico / 18
Venha e seja perdoado / 20
Venha e seja restaurado / 22
Venha e seja conhecido / 24
Venha e seja abraçado / 27
Venha e seja recompensado / 29
Venha para expandir seu coração / 31
Venha e encontre amor / 33
Venha e encontre significado / 36
Venha e encontre sucesso / 38
Venha e encontre segurança / 40
Venha e alegre o coração de Deus / 42
Venha, porque você foi chamado / 44
Um coração para Deus / 46

PARTE 2: SEU CHAMADO

Chamado aos pequenos / 52
Chamados para influenciar / 54
Chamados para brilhar / 56
Chamados para amar / 58
Chamados e capacitados / 60
Chamados e dotados / 62
Chamados para a comunidade / 64
Chamados para sonhar / 66

Chamados para ouvir / 68
Chamados para liderar / 70
Chamados para guiar / 72
Chamados para viver com justiça / 74
Chamados para viver bravamente / 76
Chamados para trazer o que temos / 79
Um chamado elevado / 81

PARTE 3: SEUS RELACIONAMENTOS
Corações santos / 87
Palavras santas / 89
Reconciliação santa / 91
Anseio santo / 93
Pensamentos santos / 95
Compromisso santo / 97
Celibato santo / 99
Fidelidade santa / 102
Promessas santas / 104
Resposta santa / 106
Graça santa / 108
Prova santa / 110
Indiferença santa / 112
Perfeição santa / 115
Amigo dos pecadores / 117

PARTE 4: SUAS PRÁTICAS
Adore assim / 126
Doe assim / 128
Ore assim / 130
...Ao seu Pai / 133
...Por Seu reino / 135

...Sobre suas necessidades / 137
...Com confissão / 139
...Perdoando / 141
Buscando resgate / 143
Jejue assim / 146
Consuma assim / 148
Confie assim / 150
Corrija assim / 153
Seja corrigido assim / 155
O público de Um / 157

PARTE 5: SUAS ESCOLHAS
Uma oração orientadora / 164
Um Livro orientador / 167
Um princípio orientador / 169
Um Deus que ouve / 171
Uma voz orientadora / 173
Uma palavra oportuna / 175
Uma promessa reconfortante / 177
Um Espírito convincente / 179
A Regra de Ouro / 182
Um silêncio ocasional / 185
Uma estrada perigosa / 187
Vozes perigosas / 189
Profetas perigosos / 191
Escolhas perigosas / 193
Um coração corajoso / 195

PARTE 6: SUA VIDA RESILIENTE
Das palavras às ações / 200
Da dor à força / 202

Do sofrimento ao serviço / 205
Da fraqueza ao poder / 207
Vivendo com esperança / 209
Compartilhando esperança / 211
Vislumbrando o futuro / 213
Provando do Céu / 215
Praticando a ressurreição / 217
Vivenciando a dor / 219
Enfrentando a realidade / 221
Expressando o lamento / 223
Vendo Deus / 225
Deixando um legado / 227
O Deus surpreendente / 229

Notas Bibliográficas / 233
Agradecimentos / 239
Sobre o autor / 241
Leitores disseram / 244

INTRODUÇÃO

Meu experimento começou logo depois que cheguei à Inglaterra. Minha esposa Merryn e eu nos mudamos da Austrália depois de uma das experiências mais tumultuadas de nossa vida. Depois de esperar por 10 anos, nosso sonho de ter um filho chegou ao fim de uma forma abrupta, e fizemos a mudança para o outro lado do mundo para começarmos de novo. Para mim, a relocação significou deixar uma carreira que me realizava no rádio. Pela primeira vez em anos, eu não sabia mais quem eu era, ou por que estava ali. Olhando para trás agora, vejo que era o tempo perfeito para esse experimento.

Eu já havia lido o Sermão do Monte muitas vezes antes, mas sempre rapidamente. As famosas palavras nos capítulos 5 a 7 da biografia de Jesus escrita por Mateus continham muitas afirmações de consolação — como os que choram serão consolados; os pobres, abençoados, e que todos nós seríamos supridos pelo cuidado de Deus. Mas, em sua maior parte, o Sermão é desafiador, exigente, radical. É fácil passar rapidamente pelas partes difíceis, como amar o inimigo quando, logo ali na frente, fala sobre Deus nos dar coisas boas.

Então, um dia comecei meu experimento. Decidi ler o Sermão do Monte todos os dias por um mês, mas eu teria de lê-lo em sua totalidade, não só as partes confortantes. Cada manhã, eu o lia devagar e em oração, fosse inteiro ou em parte, e, nos fins de semana, estudava-o com mais profundidade. O experimento se estendeu de um para dois meses e, por fim, para três. Antes que eu percebesse, o Sermão tinha me dominado.

E por uma boa causa. Nesse Sermão, encontrei um guia para os aspectos essenciais da vida — nossos chamados, relacionamentos, práticas, escolhas. Do sexo à oração, de conflitos a bens materiais, o Sermão cobre os tópicos mais sombrios sem constrangimento ou escusas. Nele, descobri que pessoas "pequenas" como nós são os agentes de mudança no mundo. E nele aprendi que, se colocarmos as palavras de Jesus em prática, viveremos vidas resilientes — vidas que se recuperam depois da dificuldade.

Para a maioria de nós do Ocidente, a vida é cheia de liberdade e oportunidades. Podemos buscar praticamente qualquer carreira. Podemos viver quase qualquer estilo de vida. Mas as nuvens escuras nunca estão muito longe. Um cônjuge nos deixa. Um cliente nos processa.

O desemprego nos atinge. Nossos sonhos não se realizam. Uma doença, uma perda, uma traição, uma tragédia — através deles, descobrimos que estamos vulneráveis às tormentas da vida. E não somente às tormentas exteriores, como também às interiores: desejos transformados em cobiça, ambição transformada em idolatria, ira transformada em algo mortal, e outros pecados que podem nos afogar. Nesse Sermão, encontramos Aquele que acalma a tormenta com uma palavra e nos leva adiante fortalecidos. Embora a chuva venha em torrentes, as águas subam e os ventos soprem contra nós, ficaremos firmes, não cairemos (Mt 7:25).

A leitura do Sermão, a cada manhã, começou a me moldar — revisando minhas prioridades, mantendo meus desejos sob controle, colocando meus sonhos em perspectiva, influenciando como eu deveria agir. Ao tentar viver o Sermão, falhei tanto quanto progredi, e ainda acontece assim. Isso porque a perfeição não é possível, a perfeição não era o tópico em questão. Meu coração foi vagarosamente sendo recalibrado ao coração de Jesus, que viveu tudo o que Ele pregou. Sem que eu me desse conta, ele estava me ajudando a recomeçar.

Descobri muitas coisas com esse experimento. Essas descobertas foram registradas no meu diário e, mais tarde, transformadas em artigos para o devocional *Nosso Andar Diário* (Publicações Pão Diário). Agora, com uma ampliação significativa e adição de material, apresento-as neste livro contendo 90 leituras. Como vocês notarão, o Sermão é o rio principal pelo qual navegaremos, embora haja alguns riachos pelos quais valha a pena nos enveredar. O Sermão de Jesus é abrangente, trazendo muitos temas bíblicos reunidos. Meu conselho é que você leia estas páginas devagar e em oração, não precisa ter pressa. Vidas resilientes são construídas sobre um alicerce, e leva-se tempo para preparar alicerces.

As famosas palavras de Jesus têm sido citadas por presidentes, repetidas por ativistas, ponderadas por teólogos e bradadas por cantores de rock. Elas têm sido impressas em cartazes, camisetas, ímãs de geladeira e em adesivos de para-choque, retratadas em obras de arte, compartilhadas na internet, gravadas em pedras e tatuadas na pele. Elas têm sido admiradas, ignoradas, debochadas, adoradas, pregadas, pintadas e representadas em teatro. Mas, para manifestar uma vida resiliente, uma coisa é necessária: segundo Jesus, essas palavras têm de ser vividas (Mt 7:26-27). Ao ler e orar, anseie por agir, anele por gerar experimentos em sua própria vida.

Em alguns dias, acordamos num mundo de céu límpido e de possibilidades favoráveis. Noutros, a chuva bate contra nossas janelas, trovões fazem tremer nossos telhados, ventos sacodem nossas paredes e as torrentes ameaçam nos afundar. Jesus nunca disse que seríamos poupados das tormentas da vida. Nós rangeremos sob os ventos, seremos testados e retesados, mas, ao praticar as palavras de Jesus, não nos quebraremos. Vamos nos recuperar, vamos voltar fortalecidos. Assim como retornou Aquele que foi forçado para muito além de todos os limites: com cicatrizes, mas triunfante. E sempre resiliente.

As famosas palavras de

Jesus

têm sido **CITADAS** por presidentes, **REPETIDAS** por ativistas, **PONDERADAS** por teólogos e **BRADADAS** por cantores de rock. Têm sido impressas em cartazes, camisetas, ímãs de geladeira e em adesivos de para-choque, retratadas em obras de arte, compartilhadas na internet, **GRAVADAS** em pedras e tatuadas na pele. Elas têm sido **ADMIRADAS**, ignoradas, **DEBOCHADAS**, adoradas, **PREGADAS**, pintadas e **REPRESENTADAS EM TEATRO**. Mas, para manifestar uma vida resiliente, uma coisa é necessária: segundo Jesus, essas palavras *têm de ser vividas.*

SheridanVoysey.com/Resilient

PARTE 1
Um Convite Para Você

No entanto, na penumbra, uma luz cintila e brilha.
Nós recebemos um convite para fazer uma peregrinação
para dentro do coração e da vida de Deus.

DALLAS WILLARD[1]

Vendo as multidões, Jesus subiu ao monte e se assentou. Seus discípulos aproximaram-se dele, e ele começou a ensiná-los, dizendo:

Bem-aventurados os pobres em espírito, pois deles é o Reino dos céus.
Bem-aventurados os que choram, pois serão consolados.
Bem-aventurados os humildes, pois eles receberão a terra por herança.
Bem-aventurados os que têm fome e sede de justiça, pois serão satisfeitos.
Bem-aventurados os misericordiosos, pois obterão misericórdia.
Bem-aventurados os puros de coração, pois verão a Deus.
Bem-aventurados os pacificadores, pois serão chamados filhos de Deus.
Bem-aventurados os perseguidos por causa da justiça, pois deles é o Reino dos céus.
Bem-aventurados serão vocês quando, por minha causa os insultarem, perseguirem e levantarem todo tipo de calúnia contra vocês.
Alegrem-se e regozijem-se, porque grande é a sua recompensa nos céus, pois da mesma forma perseguiram os profetas que viveram antes de vocês. —Mateus 5:1-12

VENHA COMO ESTÁ

Bem-aventurados os que choram, pois serão consolados.
Bem-aventurados os humildes, pois eles receberão a terra por herança.

MATEUS 5:4-5

A multidão se reúne nas exuberantes encostas ondulantes para ouvi-lo. Ele se assenta, tomando a posição costumeira de um mestre, e olha para muitos deles nos olhos. Há tanto a lhes dizer! Inspira profundamente e começa a falar. "Bem-aventurados os pobres em espírito, pois deles é o Reino dos céus".

Se você for como eu, provavelmente terá lido as Bem-aventuranças, no Sermão do Monte, como virtudes que Jesus quer que persigamos. Assim, achamos que Ele quer que sejamos humildes (Mt 5:5), que tenhamos fome de justiça (5:6), que sejamos misericordiosos (5:7), puros (5:8) e pacificadores (5:9). Todas essas são qualidades maravilhosas e elas são reforçadas em outros lugares das Escrituras. E, como o Sermão de Jesus tem tudo a ver com ação, esse é um jeito natural de ler esses versículos.

No entanto, se quisermos ser consistentes na leitura das Bem-aventuranças dessa forma, algumas dessas virtudes se tornam complicadas. Será que Jesus realmente quer que nos tornemos pobres (5:3), que choremos (5:4), que sejamos perseguidos e insultados (5:10-11)? Essa maneira de ler as Bem-aventuranças pode também nos levar a um entendimento da salvação, operada por Deus, como baseada nas obras: somente quando formos humildes, gentis, misericordiosos e assim por diante, Deus nos abençoará.

Talvez Jesus quisesse afirmar outra coisa. O relato das Bem-aventuranças em Lucas sugere que Jesus não estava falando para pessoas que se *achavam* pobres, famintas ou tristes, mas para aquelas que realmente o eram (Lc 6:17-23). Isso tem levado estudiosos como Dallas Willard, Scot McKnight e outros a sugerirem que as Bem-aventuranças de Jesus não são uma lista de virtudes, mas uma lista dos párias rejeitados pela sociedade, todavia abençoados por Jesus.[2]

Aqueles que se reuniram na montanha para ouvir Jesus falar compunham um grupo variado: não de pessoas felizes e bem-sucedidas do mundo, mas daqueles que experimentaram provações e problemas (Mt 4:23-25). Era este grupo de pessoas, aqueles que se reuniram diante dele, que Jesus abençoou: os empobrecidos econômica e espiritualmente (5:3), os abatidos (5:4), os simples (5:5), aqueles que buscavam a justiça, mas a quem ela fora negada (5:6), aqueles que mostravam misericórdia e viviam justamente (5:7-8), os pacificadores, em vez de políticos radicais (5:9), aqueles perseguidos por fazerem o certo ou por seguirem Jesus (5:10-11) — todas essas pessoas, que eram descartadas tanto pela sociedade secular quanto pela elite religiosa dos dias de Jesus. Para os líderes do mundo, que valorizavam a força em vez da humildade e a complacência com seus desejos em vez de rebelião pelo amor de Deus, pessoas com essas qualidades tinham pouco valor, mas elas eram muito valiosas para Jesus.

Se é isto que Jesus está dizendo, significa que Ele começa seu Sermão com uma ideia radical. Significa que Jesus ignora a lista de popularidade do mundo. Significa que Ele aceita todos os que a sociedade rejeita. As portas do Seu reino estão escancaradas para o doente, ignorante, feio, vitimado, machucado, esquisito, morador de rua, traficante, explorador, vigarista, viciados, ou instáveis emocionalmente; para você e para mim. Então, venha, venha como está!

Jesus nos recebe a todos.

> O Senhor está perto de todos os que o invocam, de todos os que o invocam com sinceridade.
>
> SALMO 145:18

Quem são as pessoas "descartadas" que você conhece?
De que maneira você pode ser gracioso com elas como Jesus é?

VENHA, POBRE OU RICO

...e ficaram aterrorizados. Mas o anjo lhes disse: "Não tenham medo. Estou lhes trazendo boas novas de grande alegria, que são para todo o povo".

LUCAS 2:9-10

Boas novas para todo o povo. Foi isso que o anjo disse. Este convite radical, a ideia de que a casa de Deus esteja aberta para todos, que somos encorajados a entrar, seja qual for o nosso estado, começou muito antes de Jesus sentar-se para pregar o seu Sermão. E embora os párias da sociedade recebam o convite, eles não são os únicos a recebê-lo.

Cena um: uma pequena casa de camponeses em Belém, Judeia.[3] Lá um grupo de pastores se ajoelha diante de um bebê adormecido numa manjedoura (Lc 2:8-20). A sociedade daquele tempo desprezava aqueles pastores como impuros, e por isso esses homens não conseguem acreditar que estejam ali. Como *eles* poderiam ter tal privilégio?

Cena dois: também naquela casa de camponeses. Agora um grupo de príncipes persas está de pé olhando fixamente para aquela criança (Mt 2:1-12). Eles são poderosos, estimados e ricos — ninguém traria presentes como ouro, incenso e mirra se não tivesse dinheiro. Suas roupas finas e suas joias não combinam com aquele vilarejo, mas logo eles também se ajoelham diante daquela criança extraordinária.

Essa criança se tornaria um menino, e esse menino, um homem; e esse homem seria muito mais do que se podia ver. Um carpinteiro como profissão, mas um Rei por nascimento. O Deus do Universo visitando o Seu povo em pessoa (Jo 1:1).

Desde o início, esse Rei seria diferente dos outros. Quando aqueles pastores se ajoelharam diante dele, vimos que Ele era o Rei para os pobres, e quando os príncipes se ajoelharam, vimos que Ele era o Rei para os ricos. Quando um pescador se ajoelha — aqui está o Rei para os trabalhadores (Lc 5:8); um oficial do governo busca sua ajuda — aqui está o Rei para os governantes (Jo 4:46). E que tipo de Rei se associa tanto com líderes religiosos quanto pecadores (Lc 7:36-38)?

Esse tipo de Rei!

Jesus começa seu Sermão do Monte exaltando os "diminuídos" — os simples, os pobres, os ridicularizados e os indesejados —, deixando claro que, embora a sociedade possa rejeitá-los, Ele não os rejeita. Mas isso não significa que Jesus é automaticamente contra a elite. Rico ou pobre, governante ou trabalhador, sacerdote ou pecador, Ele veio para todos nós. Sendo abastados ou destituídos, poderoso ou simples, podemos estar sobrecarregados com toda vergonha que nossos pecados trouxeram sobre nós. Porém, esse Rei nos aceita, nos cura, nos perdoa e nos transforma. Diante de um Rei nascido para todos, nós só podemos nos ajoelhar!

> Por isso Deus o exaltou à mais alta posição e lhe deu o nome que está acima de todo nome, para que ao nome de Jesus se dobre todo joelho, no céu, na terra e debaixo da terra, e toda língua confesse que Jesus Cristo é o Senhor, para a glória de Deus Pai.
>
> **FILIPENSES 2:9-11**

Você já se sentiu indigno de encontrar Jesus?
Você já considerou outros indignos dele?

VENHA E SEJA PERDOADO

Já era quase meio dia, e trevas cobriram toda a terra até às três horas da tarde.

LUCAS 23:44

As coisas iam bem quando Jesus começou Sua missão. As multidões reuniam-se em torno dele admiradas com Seus milagres, e as portas de cada sinagoga se abriam para Seus ensinamentos. Jesus está no circuito de pregadores e é tão popular quanto qualquer pregador itinerante gostaria de ser. Mas o sentimento público mudará.

Os líderes religiosos serão os primeiros a soar o alarme, desconfiados com relação as Suas companhias (Mc 2:16), as afirmações que Ele fará (14:61-64) e ao poder que usará para curar (3:22). Sua vizinhança o ignorará (6:3), Sua sinagoga o mandará para fora da cidade (Lc 4:29) e até a Sua família sentirá vergonha de Seus atos (Mc 3:21). No final de Seus dias, Ele terá sido traído por um colega, desonrado por um amigo, abandonado por Seus seguidores, amaldiçoado por um ladrão, e aparentemente abandonado pelo próprio Deus. Na Sua hora final, Ele será envolvido em trevas — frio, nu, exposto e completamente sozinho.

O aplauso da multidão ficará silencioso, a lealdade de Seus seguidores se mostrará superficial, maldições serão lançadas, pregos serão martelados, cruzes se levantarão, e todos aqueles que Ele alimentou, curou, favoreceu e perdoou não estarão visíveis. Tudo que Jesus ouvirá serão as risadinhas de Seus traidores, os soluços de Sua mãe e o murmúrio dos soldados lançando sortes sobre Suas roupas.

O "perturbador político" será extinto.

O "curandeiro blasfemo" será silenciado.

Os céus escurecerão. Uma lágrima cairá do Céu.

E naquele momento, todos os nossos pecados serão perdoados. Precisamos nos lembrar de tudo isso quando lermos o Sermão do Monte. Quando Jesus prega no monte, Ele sabe o que vem depois — que a maioria daqueles que o ouviam avidamente logo o negariam. As pessoas

que Ele abençoou nas Bem-aventuranças vão amaldiçoá-lo e rejeitá-lo. Aqueles com quem Ele veio estar o abandonarão para morrer sozinho. Isso me incluiria, se eu estivesse lá, e provavelmente incluiria você também. Isso faz a Sua morte por nós ser muito mais surpreendente. Jesus nos convida a participar do Seu reino e nós o abandonamos, e então Ele nos oferece o Seu perdão.
Venha e seja perdoado!

> Agora, irmãos, eu sei que vocês agiram por ignorância, bem como os seus líderes. Mas foi assim que Deus cumpriu o que tinha predito por todos os profetas, dizendo que o seu Cristo haveria de sofrer. Arrependam-se, pois, e voltem-se para Deus, para que os seus pecados sejam cancelados.
>
> ATOS 3:17-19

> Imagine-se na crucificação de Jesus.
> Onde está você na multidão e o que está dizendo?
> Imagine Jesus olhando para você lá da cruz.
> Como Ele o olha e o que Ele está lhe dizendo?

VENHA E SEJA RESTAURADO

E todos nós, que com a face descoberta contemplamos a glória do Senhor, segundo a sua imagem estamos sendo transformados com glória cada vez maior, a qual vem do Senhor, que é o Espírito.

2 CORÍNTIOS 3:18

Tive o privilégio de entrevistar muitas pessoas fascinantes durante os anos que fui apresentador de um programa de rádio. A história de Ken Cooper é uma que eu nunca vou esquecer.

Ele parecia um cara de quem você gostaria de ser o vizinho: um marido e pai amabilíssimo, um líder de comunidade respeitado e um modelo de homem para as crianças menos privilegiadas. Mas esse vizinho educado tinha seu lado escuro — Ken era um dos criminosos mais procurados na Flórida.

Ken começou a realizar pequenos furtos em lojas ainda criança e, quando chegou à faculdade, já estava roubando carros. Depois que sua esposa morreu de câncer ainda jovem, ele já roubava bancos. "Meus roubos não tinham nada a ver com dinheiro", ele me disse. "O propósito era me sentir vivo — para aliviar o estado mortal e deprimido em que me encontrava por ter perdido minha esposa."

Os 13 anos de vida dupla de Ken terminaram quando ele foi baleado durante um assalto a um banco e sentenciado a 90 anos de reclusão na infame prisão da Flórida, chamada The Rock. Com apenas cinco guardas para controlar 900 prisioneiros, The Rock era um inferno onde esfaqueamentos, espancamentos, assassinatos e estupros eram comuns. Mas, enquanto Ken estava lá, ele ouviu sobre Jesus através de um capelão prisional e logo se tornou cristão. Alguns companheiros de cela de Ken também aceitaram Jesus, e suas vidas começaram a ser transformadas.

Um dia Ken e seus amigos adotaram um gatinho, que eles chamaram de Mr. Magoo. A coluna do gato tinha sido quebrada por divertimento por outros prisioneiros e ele ficou cego porque lhe jogaram ácido no focinho. Ken e seus amigos seguravam o bichinho no colo e faziam escalas para alimentá-lo e até oravam para que ele recuperasse a visão.

Mr. Magoo recebeu amor de sobra, e sua vista um dia retornou! Outros milagres começaram a acontecer também. O número de estupros começou a cair na The Rock e os guardas começaram a pedir oração para Ken e seus amigos. Mas talvez nada demonstrasse mais a mudança de vida dos prisioneiros do que o tipo de tratamento que eles davam ao Mr. Magoo.

A justiça pôde sentenciar Ken e seus companheiros de cela por causa de seu comportamento, mas não podia mudar seus desejos. Como diz o apóstolo Paulo, embora as leis civis e religiosas tenham o seu lugar, elas só podem ajudar a restringir o mal, ou nos condenar quando as quebramos (Rm 7:7-12; 13:1-5). As leis não podem mudar o nosso coração.

Jesus, por outro lado, por Seu Espírito, oferece mudança interior. Ele não somente perdoa, Ele nos transforma — restaurando a nossa alma para nos transformar "gradativamente à sua imagem gloriosa, deixando-nos cada vez mais parecidos com ele" (2 Coríntios 3:18 NVT). Jesus restaura a imagem de Deus em nós, que ficou distorcida pelo pecado, fazendo-nos, em vez disso, pessoas cheias de amor, alegria, paz, paciência, amabilidade, bondade, fidelidade, mansidão e domínio próprio (Gl 5:22-23).

Jesus terá muito a dizer sobre ética no desenrolar de seu Sermão. Nós sofreremos se tentarmos praticar Suas instruções, a menos que entendamos que é Ele quem nos capacita, de dentro para fora. Ken Cooper concordaria com isso.

Aqui está o convite que transforma criminosos empedernidos em cavalheiros gentis que cuidam de um gatinho.

> A serem renovados no modo de pensar e a revestir-se do novo homem, criado para ser semelhante a Deus em justiça e em santidade provenientes da verdade.
>
> **EFÉSIOS 4:23-24**

Seu enfoque está em "ser bom" em vez de deixar que Jesus transforme você?
Qual o pecado ou fraqueza você vai oferecer a Jesus hoje, para que Ele transforme segundo o Seu caráter?

VENHA E SEJA CONHECIDO

Sabes quando me sento e quando me levanto;
de longe percebes os meus pensamentos.

SALMO 139:2

Deus conhece você. Ele conhece cada detalhe e nanossegundo da sua existência — cada átomo, molécula, célula da pele, ligamento, cada esperança, sonho, interesse e realização; cada fraqueza, cada força, alegria e tristeza. Ele o conhece intimamente, por dentro e por fora.

Ele sabe cada momento do seu dia hoje (Sl 139:2) — cada ação, passo e pausa para descanso; cada piscada, cada olhada, e respirar. Ele sabe quando eu vou parar de digitar este parágrafo, e quando você vai parar de lê-lo. Ele sabe tudo sobre você e o sabe completamente.

O Senhor sabe cada pensamento que você terá hoje — cada alegria, pergunta, dúvida e preocupação. Como um marido casado há muito tempo conhece sua esposa e é capaz de terminar as frases dela, Deus sabe a palavra seguinte que você dirá antes que esta saia dos seus lábios (139:4).

Ele o conhece, está familiarizado com você — Ele conhece sua personalidade totalmente. Sabe quais são os seus gatilhos emocionais, seu padrão de comportamento, seus maus hábitos e zonas de conforto. Sabe no que você é bom, naquilo que é ruim, aquilo que o tenta, aquilo em que tem vitória. Ele pode desvendar as intrincadas ponderações do seu coração quando você permanece confuso.

Não há uma montanha grande o suficiente, um lugar longe o suficiente, uma escuridão densa o suficiente para escondê-lo dele (139:7-12). Mas por que você se esconderia? Solidão não é só o sentimento de estar sozinho, mas de estar rodeado por muitos e não ser conhecido por ninguém. Mas Ele o conhece! Deus é aquele que sabe e conhece tudo!

Ele estava lá quando você foi tecido no útero (139:13-15). Lembra-se das manchetes do dia de seu nascimento e sabe o que vai acontecer no seu último dia na Terra. Sabe o que o futuro lhe reserva e os caminhos que você tomará para chegar lá. Ele o conhece.

Num mundo de conexões globais, mas de intimidade cada vez menor, de cidades florescentes e cada vez mais almas alienadas, de bilhões de indivíduos que se perguntam se alguém realmente se importa com eles, aqui está uma verdade que cura e liberta:

Aquele que o convida naquela encosta, conhece você! Ele o conhece completamente.

> E até mesmo os cabelos da cabeça de vocês
> estão todos contados.
>
> **MATEUS 10:30**

Como é ser conhecido tão intimamente?
Quão intimamente você diria que conhece Deus agora?

Deus conhece você.

Ele conhece cada detalhe e nanossegundo da sua existência — **CADA ÁTOMO**, molécula, célula da pele e ligamento; **CADA ESPERANÇA, SONHO,** interesse e realização; **CADA FORÇA**, fraqueza, **ALEGRIA**, e tristeza. **ELE O CONHECE** intimamente, por dentro e por fora.

SheridanVoysey.com/Resilent

VENHA E SEJA ABRAÇADO

Jesus respondeu, e disse-lhe: "Se alguém me ama, guardará a minha palavra, e meu Pai o amará, e viremos para ele, e faremos nele morada".

JOÃO 14:23

Ainda criancinha, Adrian Edwards foi separado de seus pais. Jogado de um lado para outro, instituições e pais adotivos temporários na maior parte de sua vida, ele acabou enveredando para o crime muito jovem. Na adolescência, ele foi condenado por assalto à mão armada e ficou preso na Penitenciária de Fremantle, no oeste da Austrália. Lá, numa reviravolta do destino, ele encontrou seu pai — que estava cumprindo pena por homicídio. O Adrian foi solto, mas ansiava por ver seu pai novamente. E ele viu, quando foi condenado pela segunda vez. Adrian cumpriu sua pena e foi novamente solto. Mas aquela "fome de pai" que ele tinha permaneceu.

Finalmente, Adrian cometeu uma série de assaltos à mão armada que o levaram de volta ao tribunal, onde recebeu uma longa sentença. "Adrian está ansioso por ficar um longo período encarcerado com seu pai", seu advogado informou ao juiz. O plano de Adrian para ficar com seu pai finalmente se realizou.

Órfãos sempre desejam o abraço dos pais e são capazes de fazer coisas extraordinárias para substituí-lo. Graças a Deus, há um Pai que deseja Seus filhos ainda mais, e que fez uma coisa extraordinária para abraçá-los.

"Não os deixarei órfãos; voltarei para vocês", Jesus disse aos Seus discípulos (Jo 14:18). Eles haviam conhecido seu CRIADOR encarnado e logo o perderiam por um tempo, mas não deveriam ficar perturbados. Ele estava indo preparar um lugar no Céu para eles e retornaria para levá-los consigo (14:3). Jesus enviaria Seu Espírito, que nunca os deixaria (14:6). E quando os discípulos recebessem o Espírito em seus corações, algo extraordinário aconteceria: Pai, Filho e Espírito Santo juntos viriam habitar dentro deles (14:23). Os discípulos seriam envolvidos pelo abraço de Deus, com calidez e boas-vindas.

Quando Jesus se senta naquela montanha, pregando seu Sermão, convidando-nos a segui-lo, Ele não nos convida para uma nova filosofia, estilo de vida ou grupo social, mas para viver a vida de Deus — onde Pai, Filho e Espírito nos abraçam como um, "Naquele dia compreenderão que estou em meu Pai, vocês em mim, e eu em vocês" (Jo 14:20). As implicações são surpreendentes. Nós estamos no coração de Deus, e Ele está no nosso.

Que convite para o Adrian Edwards e para todos nós!

Ame o Filho, receba o Espírito e seja abraçado pelo Deus-Pai.

> Oro para que, com as suas gloriosas riquezas, ele os fortaleça no íntimo do seu ser com poder, por meio do seu Espírito, para que Cristo habite em seus corações mediante a fé; e oro para que vocês, sejam arraigados e alicerçados em amor.
>
> **EFÉSIOS 3:16-17**

Quando você se sentir abandonado, estará realmente sozinho?
Como o abraço de Deus pode torná-lo resiliente hoje?

VENHA E SEJA RECOMPENSADO

Bem-aventurados serão vocês quando, por minha causa os insultarem, perseguirem e levantarem todo tipo de calúnia contra vocês. Alegrem-se e regozijem-se, porque grande é a recompensa de vocês nos céus, pois da mesma forma perseguiram os profetas que viveram antes de vocês.

MATEUS 5:11-12

Janice é uma mulher atraente, que tem seus trinta e poucos anos. Ela tem boa aparência, amizades e uma carreira de sucesso. Há poucos anos, ela se tornou cristã — para o horror do seu pai ateu. Desde então, as visitas para seus pais ficaram difíceis. Cada semana seu pai a agride com razões pelas quais ela deveria abandonar aquela fé em "conto de fadas".

Há um tipo de preocupação por trás da perseguição implacável a conversão de Janice. Ela deseja se casar, mas decidiu que só se casará com um cristão. Seu pai quer ver o sonho de sua filha se realizar, mas vê sua fé como um obstáculo. "Aquilo em que você crê é uma mentira e a está impedindo de se casar com os homens disponíveis", diz ele. Janice frequentemente se cansa de sofrer as palavras do pai.

Jesus nos diz que o seguir pode nos trazer problemas (Mateus 5:10-12). Quase todos os Seus apóstolos terão uma morte violenta e uma miríade de cristãos através dos séculos perderão suas vidas por seguirem Jesus. A maioria de nós não enfrentará este tipo de perseguição. Para nós as tribulações podem se apresentar na forma de ridicularização, perda de oportunidade de emprego ou, como Janice, tensão familiar. Jesus previu que a Sua vinda dividiria famílias inteiras ao longo das fronteiras da fé. "Seus inimigos estarão dentro de sua própria família" (10:36). Ironicamente, seguir o Príncipe da Paz pode resultar em guerra.

Mas Jesus diz que aqueles que sofrem por causa do seu nome serão recompensados. Os pobres receberão o Seu reino, os humildes herdarão a terra, aqueles que têm fome de justiça serão saciados, os puros de coração verão a Deus. O próprio Deus é o prêmio maior, assim como o Seu reino (5:12), mas Jesus também promete recompensas nesta vida, como relacionamentos que correspondem ao nosso sacrifício (Lc 18:29-30). Seja a recompensa que for e quando for que elas cheguem, não servimos a um Deus que demanda obediência, por causa disso. Nosso Deus ama nos recompensar.

Admiro minha amiga Janice. Para seguir a Jesus, ela enfrentou a oposição de sua família com toda a força e negou seus próprios desejos. Ela ama seus pais e continuamente releva os seus ataques à sua fé. Sua irmã mais velha tem um bebê, sua irmã mais nova vai se casar e sua espera por um homem cristão continua se estendendo, mas Janice continua fiel ao seu primeiro amor.

Um dia, ela receberá sua plena recompensa.

> Pedro lhe disse: "Nós deixamos tudo o que tínhamos para seguir-te!"
> Respondeu Jesus: "Digo-lhes a verdade: Ninguém que tenha deixado casa, mulher, irmãos, pai ou filhos por causa do Reino de Deus deixará de receber, na presente era, muitas vezes mais, e, na era futura, a vida eterna".
>
> LUCAS 18:28-30

Alguma vez sua obediência a Jesus lhe causou sofrimento?
Ele é prioridade sobre seus desejos?

VENHA PARA EXPANDIR SEU CORAÇÃO

Bem-aventurados os que têm fome e sede de justiça,
pois serão satisfeitos.

MATEUS 5:6

Certa vez, Dallas Willard descreveu o Sermão do Monte como uma peregrinação ao coração e vida de Deus,[4] e acho que ele estava certo. Ao jornadearmos pelo Sermão, não deveríamos nos surpreender em perceber nosso coração expandindo à medida que Jesus nos mostra o que mais importa para Deus.

Já demonstramos que as Bem-aventuranças não são uma lista de traços de caráter que devemos buscar. Jesus não está nos convidando a sermos pobres, a chorarmos ou buscarmos ser perseguidos para que sejamos "abençoados". As Bem-aventuranças é uma lista de pessoas que estão no coração de Deus.

Leia as Escrituras, e logo se tornará claro que Deus sempre se interessou particularmente pelos os pobres, os esquecidos e os vulneráveis (Dt 10:18; 15:11). Quando Deus vem à Terra em forma humana, essas são as primeiras pessoas que Ele abençoa. E aqui está uma questão importante: As pessoas que estão no coração de Deus não deveriam estar em nosso coração também?

Se Deus abençoa os pobres, não deveríamos abençoá-los também? Não deveríamos abençoá-los com nossa presença, com educação, com saúde e oportunidades de emprego?

Se Deus abençoa os que choram, não deveríamos fazer o mesmo? Não deveríamos abençoá-los ouvindo-os, confortando-os, dando ajuda prática e fazendo visitas aos seus lares?

Se Ele abençoa os humildes e puros de coração, não deveríamos fazer o mesmo? Não deveríamos encorajá-los em sua jornada e aprender com eles?

Se Ele abençoa aqueles que têm fome e sede de justiça, não deveríamos seguir esse exemplo? Não deveríamos apoiá-los em sua luta por um salário digno, ou nos juntarmos a eles em suas campanhas antitráfico?

Se Deus abençoa os misericordiosos, não deveríamos fazer o mesmo? Não deveríamos visitar hospitais, reabilitar prisioneiros, ajudar os moradores de rua e os viciados?

Se Deus abençoa aqueles que trabalham pela paz, não deveríamos abençoá-los também? Não deveríamos nos levantar com aqueles que escolhem maneiras não violentas para ajudar a libertar as pessoas oprimidas?

E se Deus abençoa os perseguidos, não deveríamos fazer o mesmo? Não deveríamos apoiar os companheiros cristãos que sofrem por causa da sua fé ou que são denunciantes ou que sofrem abusos?

Como imitadores de Deus (Ef 5:1), como alunos do nosso Mestre (Lc 6:40), como os braços, ouvidos e a voz de Jesus (1 Co 12:27), nós estamos trabalhando para Deus, abençoando quem Ele abençoa. Como o fundador da Visão Mundial, Bob Pierce, certa vez orou: "Que o meu coração sofra com o que faz o coração de Deus sofrer".

Naquela encosta, à medida que as multidões escutavam, as crianças brincavam e os discípulos se perguntavam onde tinham se metido, Jesus estende o convite para todos nós: que o nosso coração se expanda para ser grande como o de Deus.

> Portanto, sejam imitadores de Deus,
> como filhos amados,
>
> EFÉSIOS 5:1

Quantas vezes seu coração se entristeceu com coisas que entristecem o coração de Deus?
Quem Deus está lhe mostrando que você deve abençoar?

VENHA E ENCONTRE AMOR

Vocês possam, juntamente com todos os santos, compreender a largura, o comprimento, a altura e a profundidade, e conhecer o amor de Cristo que excede todo conhecimento...

EFÉSIOS 3:18-19

Deus tem um carinho especial pelos vulneráveis, mas também sabemos que Ele ama todos nós. Pelo menos em teoria sabemos disso. Quantos de nós realmente sentimos esse amor? O apóstolo Paulo sabia que entender o amor de Deus era um exercício difícil. Ele cria que, para começar, a revelação sobrenatural era necessária (Ef 3:16-18). O amor de Deus é tão grande e nossa compreensão tão pequena... Como poderemos verdadeiramente entendê-lo?

Parte do nosso problema é que nós interpretamos o amor de Deus através do amor humano. Se entendemos que o amor de Deus é minimamente parecido com o "amor" distorcido e avariado que experimentamos de um abusador, e até do relativamente bom amor da família e amigos (na melhor hipótese, limitado; na pior, contaminado por motivações escusas), nos sentiremos frios com relação ao amor de Deus por nós.

Mas há um outro caminho. Com o Espírito de Deus, podemos começar a compreender o amor de Deus, não pela comparação com o amor humano, mas *em contraste com este*. Aqui vai um exercício para você tentar fazer:

Pense na coisa mais amorosa que alguém fez por você. O que foi? Talvez foi um parente que o perdoou por uma coisa horrível que você disse, ou um colega que lhe ofereceu uma oportunidade de trabalho. Talvez seus pais se sacrificaram muito para que você fosse para a universidade ou um amigo veio ajudá-lo quando você mais precisava. Lembre-se do ato em detalhes. Agora, mesmo que tenha sido um grande ato de amor, ele é pequeno em contraste com o amor de Deus por você. Quão pequeno?

Imagine um grão de areia colocado ao lado de um arranha-céu. Compare um micróbio com nosso maior planeta, Júpiter.

Imagine uma gotícula ao lado de um rio caudaloso.
Imagine um aroma bem suave contrastando com um perfume bem forte.
O canto de pássaro mais sereno contra o rugir de um poderoso trovão.
Compare uma mínima gota ao oceano Pacífico.
A chama de uma vela com o resplendor do Sol.
Uma simples folha com uma floresta de árvores...

E assim, é ínfimo o amor humano quando comparado ao grande amor que Deus tem por você. E esse amor está por trás de cada palavra de Jesus no Sermão do Monte, até mesmo das palavras mais duras.

De fato, a verdade é de longe melhor do que o que eu escrevi. Paulo diz que o amor de Deus nunca poderá ser completamente compreendido (Efésios 3:19), o que significa que qualquer contraste que possamos sugerir entre o amor divino e o humano ficará aquém da realidade!

O amor de Deus por você, então, é literalmente muito maior do que você possa imaginar.

> O teu amor, Senhor, chega até os céus;
> a tua fidelidade até as nuvens.
>
> SALMO 36:5

Alguma vez você teve dificuldade de crer
que Deus realmente o ama?
Que comparação pode fazer para compreender
Seu amor por você?

Imagine um **GRÃO DE AREIA** colocado ao lado de um **ARRANHA-CÉU**.
COMPARE um único micróbio com o nosso **MAIOR PLANETA**, Júpiter.
IMAGINE uma gotícula ao lado de um rio caudaloso.
Imagine o **AROMA MAIS SUAVE** contrastando com um perfume **FORTE**.
O **CANTO DE PÁSSARO** mais sereno **CONTRA** o rugir de um poderoso **TROVÃO**.
COMPARE uma pequena gota de água com o **OCEANO PACÍFICO**.
A chama de uma vela ao resplendor do Sol.
Uma única folha com uma **FLORESTA DE ÁRVORES**…
E assim, é **ÍNFIMO** o amor humano quando comparado ao *grande amor* que *Deus tem por você*.

SheridanVoysey.com/Resilient

VENHA E ENCONTRE SIGNIFICADO

O ladrão vem apenas para furtar, matar e destruir; eu vim para que tenham vida, e a tenham plenamente.

JOÃO 10:10

A cada mês, milhares de pessoas digitam a frase "significado da vida" nas ferramentas de busca da internet.[5] "Por que estou aqui?", elas se perguntam em momentos de desespero. "Afinal o que é a vida?" Elas logo encontrarão respostas que variam de "A vida não tem significado" até "O significado da vida é aquele que você confere a ela." Ainda bem que há uma outra resposta e ela gira em torno do significado da vida em si mesma.

O Novo Testamento usa duas palavras gregas para "vida": *bios* — que significa vida natural, a vida criada — e *zoë*, que significa a vida eterna de Deus, sobrenatural. Nós podemos ter *bios* sem *zoë*. Podemos estar biologicamente vivos, mas espiritualmente mortos.[6]

Deus é o doador abundante de vida espiritual (Gn 2:7; Êx 3:14). Fomos criados para ter essa vida habitando em nós como uma fonte enche um poço, como o fogo preenche uma lareira, e como Deus habita no templo (1 Co 6:19). Mas, com a rebelião da humanidade contra Deus, nós interrompemos a fonte de vida. Agora há um espaço vazio em nosso coração — o poço perdeu sua fonte; a lareira, seu fogo; o templo perdeu seu Deus, deixando-nos vazios e sem significado.

Mas, então surgiu um homem na Galileia que ofereceu *zoë* para todos (João 1:4). "Eu vim para que tenham *zoë*," Ele disse sobre Sua missão (10:10). Para aqueles que creram nele, Jesus prometeu que "do seu interior fluirão rios de água viva" (João 7:38). Ele encheria nossa alma de luz (1:9; 8:12) e traria o Pai para habitar dentro de nós (14:23). Jesus veio para liberar a fonte para o poço, colocar de novo o fogo na lareira e trazer Deus de volta ao templo de nosso coração.

Com a vida sobrenatural de Deus habitando em nós agora, Ele começa a nos dar o desejo e o poder para fazer Sua obra (Fl 2:13). E não só nos dá a divina energia para viver, mas para cumprir a missão divina, trazendo significado e propósito para nossa vida. Se tivéssemos que colocar isso numa frase, poderíamos dizer que o verdadeiro significado da vida é viver com Deus — ter Sua vida dentro de nós e tê-lo vivendo através de nós.

De várias maneiras é sobre isto que o Sermão de Jesus nos fala. Naquela montanha, Jesus revela como a vida *zoë* é na prática — como nosso chamado, relacionamentos e espiritualidade são vividos sob a direção de Deus. O Sermão do Monte é o manifesto de Jesus para uma vida com significado.

Não, o significado da vida não é qualquer coisa que lhe conferimos. O significado da vida é viver com Deus e tê-lo vivendo Sua vida através de nós.

Quando aceitamos o convite de Jesus, descobrimos o propósito mais profundo da vida.

> Fui crucificado com Cristo. Assim,
> já não sou eu quem vive, mas Cristo vive em mim.
> A vida que agora vivo no corpo, vivo-a pela fé
> no filho de Deus, que me amou e se entregou por mim.
>
> GÁLATAS 2:20

> Você já teve dificuldade para
> sentir que sua vida tinha significado?
> Se o significado da vida é viver com Deus,
> como isso torna sua vida de oração significativa?

VENHA E ENCONTRE SUCESSO

Os setenta e dois voltaram alegres e disseram: "Senhor, até os demônios se submetem a nós, em teu nome". Ele respondeu: "Eu vi Satanás caindo do céu como relâmpago...".

LUCAS 10:17-18

Antes de você continuar lendo, tente terminar a seguinte frase em dez segundos:
Sucesso é...
Sugeri esse exercício no rádio, nas igrejas e nas minhas conversas pessoais. Em geral, as respostas que tenho recebido definem sucesso em termos de realizações. Assim, as pessoas têm me dito que sucesso é "estar feliz", "atingir minhas metas", "salvar almas", "ir adiante e não ficar estagnado". Um amigo certa vez afirmou: "Sucesso é a prosperidade de Deus em todas as áreas da vida: espiritual, física, financeira e relacional".

Mas, se definirmos sucesso como uma realização, então como vamos medi-lo? A maioria de nós mede através da comparação. O que parece mais bem sucedido — uma igreja de 30 membros ou uma igreja de 2.000? Um CEO de uma multinacional ou um lixeiro? Uma família com três filhos, uma SUV e uma boa casa no subúrbio, ou uma mãe solteira empurrando seu bebê num carrinho doado? Quando definido como realização e medido por comparação, o sucesso parece uma coisa direta: quanto mais felicidade sentida, mais metas alcançadas, mais almas salvas e prosperidade alcançada, maior é o sucesso em nossa vida.

Depois de pregar o seu Sermão, Jesus enviaria Seus seguidores em missão. Quando um grupo de 72 pessoas volta todo animado de sua viagem, Ele usa a oportunidade para compartilhar uma lição sobre sucesso. "Senhor, até os demônios se submetem a nós, em teu nome", dizem (Lc 10:17). Eles tinham visto resultados, tinham provado o sucesso. "Eu vi satanás caindo do céu como um relâmpago", respondeu Jesus confirmando seus esforços (Lc 10:18). Os resultados importam para Ele, mas o que Jesus diz em seguida mexe com a definição que os discípulos tinham de sucesso, tanto quanto mexe com a nossa: "Contudo, alegrem-se, não porque os espíritos se submetem a vocês, mas porque seus nomes estão escritos nos céus" (10:20). Os resultados são bons, mas eles vêm e vão. O que é mais importante é que seus nomes sejam conhecidos no Céu.

Essa reviravolta no conceito de sucesso se alinha com os ensinamentos de Jesus no monte, onde Ele abençoou pessoas mais "malsucedidas": os pobres, os não autossuficientes, aqueles que choram, os infelizes e não afluentes, aqueles que têm fome de justiça, não aqueles que desfrutam dela; os perseguidos, não os vitoriosos. Malsucedidos aos olhos do mundo, a bênção de Deus os declara bem-sucedidos aos Seus olhos. Aqui está um sucesso baseado em relacionamento, não em realização.

Jesus quer que vivamos vida frutífera (Jo 15:1-4). Os resultados importam, mas eles não são a coisa mais importante. As realizações não definem seu sucesso e as comparações não medem sua quantidade. Para Jesus, sucesso é relacional — é ter seu nome escrito no livro do Céu com a caligrafia divina (Ap 3:5). Esse é um presente a ser recebido, não uma realização a ser executada (Ef 2:8-9).

Jesus nos convida a vir e ter sucesso, um sucesso que é mais um presente do que um prêmio.

> Eu sou a videira; vocês são os ramos. Se alguém permanecer em mim e eu nele, esse dá muito fruto; pois sem mim vocês não podem fazer coisa alguma.
>
> JOÃO 15:5

Você compara seu sucesso com o dos outros com frequência?
Como você pode viver a definição de sucesso de Jesus hoje?

VENHA E ENCONTRE SEGURANÇA

Vejam como é grande o amor que o Pai nos concedeu: que fôssemos chamados filhos de Deus, o que de fato somos! Por isso o mundo não nos conhece, porque não o conheceu.

1 JOÃO 3:1

Eu estava no ônibus 436, que ia para Sydney, quando uma mulher de cinquenta e poucos anos com um vestido floral desbotado, subiu desajeitadamente na parada seguinte. Ela pagou sua passagem, andou pelo corredor e, ignorando todos os outros lugares vagos, sentou-se ao meu lado.

Alguns minutos depois, a senhora de vestido florido fez uma coisa extraordinária. Ela se virou e olhou para mim, empurrou sua cabeça contra o meu rosto. Com seus olhos castanhos quase saindo das órbitas e com seus dentes manchados à mostra, ela gritou: "Eu estou bem, não estou?".

Dei um pulo e minha mente corria buscando uma resposta. E porque eu não conseguia pensar numa resposta adequada rapidamente, fiz o que qualquer seguidor de Cristo com treinamento teológico e devotado de todo o coração faria numa situação assim — menti!

—Bem, é *claro* que você está bem, eu disse.

—Algumas pessoas acham que eu sou esquisita, ela disse.

—E por que será que elas acham isso?, perguntei, sabendo muito bem a resposta. Ela disse que não sabia e ficou em silêncio novamente.

Poucos minutos depois, a senhora de vestido floral, levantou-se, cruzou o corredor e foi sentar-se ao lado da única outra pessoa no ônibus. Então, ela esbravejou de novo!

—Eu estou bem, não estou?

Perguntei-me quantas vezes essa mesma pergunta seria feita durante o dia. E me perguntei quão profunda era a ansiedade na alma daquela mulher — ela ansiava por segurança tão desesperadamente, que a buscava em qualquer desconhecido no ônibus.

Eu estou bem? Sou aceitável? Sou digno de ser amado/a? Todos nós fazemos essas perguntas. O convite de Jesus no monte tinha a ver com elas. A todos que o recebem, Jesus dá o direito de se tornarem filhos de Deus (João 1:12-13). "Vejam como é grande o amor que o Pai nos concedeu", diz o apóstolo João, "que fôssemos chamados filhos de Deus" (1 João 3:1). Você e eu somos convidados a receber a mais profunda identidade que existe. O Deus Pai nos adota, nos dá Seu Espírito e nos faz herdeiros da Sua herança (Ef 1:5; Gl 4:6). Nós podemos ser um sucesso ou um fracasso aos olhos do mundo; ser rico, pobre, feliz, ou estar de luto; podemos ser populares, ridicularizados, ou socialmente esquisitos, como a senhora do vestido florido; porém Deus olha para nós e diz: "Meu filho". Com Ele, nos tornamos quem desejamos ser mais profundamente: amados, aceitos e seguros.

—Estou bem, não estou?, perguntamos ansiosamente.
—*É claro* que você está, responde o Pai.
E Ele não mente!

> E, porque vocês são filhos, Deus enviou o Espírito de seu Filho aos seus corações, o qual clama: "Aba, Pai". Assim, você já não é mais escravo, mas filho; e, por ser filho, Deus também o tornou herdeiro.
>
> GÁLATAS 4:6-7

Quanto você se relaciona com Deus como *seu* Pai,
que compartilha Sua herança com você?
Como você poderá relembrar-se hoje de que é filho/a de Deus?

VENHA E ALEGRE O CORAÇÃO DE DEUS

Ouvi uma forte voz que vinha do trono e dizia: "Agora o tabernáculo de Deus está com os homens, com os quais ele viverá. Eles serão os seus povos; o próprio Deus estará com eles e será o seu Deus...".

APOCALIPSE 21:3

Santo Agostinho disse que o nosso coração fica inquieto até que encontre descanso em Deus. Os seres humanos anseiam por Deus, percebam eles ou não. Em Apocalipse 21, vemos esse anseio final e completamente realizado — o coração descansando no relacionamento com seu Criador no vindouro reino de Deus.

Mas nós gastamos menos tempo pensando no anseio que Deus tem — um anseio que também será realizado no grande dia. Agora com certeza, um Deus onipotente, autossuficiente não tem falta de nada. Não suprimos as necessidades de Deus, mas vemos através da história que Deus tem expressado Seu próprio desejo numa simples frase: "Vocês serão meu povo e eu serei seu Deus". Encontramos variações dela por toda a Escritura:

- "Eu os farei meu povo e serei o Deus de vocês" (Êx 6:7).
- "Andarei entre vocês e serei o seu Deus, e vocês serão o meu povo" (Lv 26:12).
- "...vocês serão o meu povo, e eu serei o seu Deus" (Ez 36:28).
- "Porei minhas leis em suas mentes e as escreverei em seus corações. Serei o Deus deles, e eles serão o meu povo" (Hb 8:10).

Por milhares de anos Deus tem desejado ter um povo para chamar de Seu. Esse desejo tem estimulado Seus esforços missionários: enviando profetas para chamar de volta Seu povo extraviado, enviando seu Filho para uma encosta varrida pelo vento para chamar o pobre, o sofredor, o humilde, o misericordioso, o pacificador e o perseguido para ser abraçado por Ele. No reino de Deus, Seu desejo será finalmente cumprido: "Eu serei seu Deus e ele será meu filho" (Ap 21:7).

Deus é o nosso rei e juiz, com certeza, mas quantas vezes nós perdemos de vista seu coração de Pai por nós — um coração que anseia nossa livre, amável e devotada lealdade? Um coração que espera que aquele anseio seja realizado.

Mas o pai disse aos seus servos: "Depressa! Tragam a melhor roupa e vistam nele. Coloquem um anel em seu dedo e calçados em seus pés. Tragam o novilho gordo e matem-no. Vamos fazer uma festa e comemorar. Pois este meu filho estava morto e voltou à vida; estava perdido e foi achado". E começaram a festejar.

LUCAS 15:22-24

A imagem que você tem de Deus é predominantemente de um Pai "bravo" ou de um Pai "saudoso"? Quantas vezes você o imagina feliz?

VENHA, PORQUE VOCÊ FOI CHAMADO

Ninguém pode vir a mim, se o Pai, que me enviou, não
o atrair; e eu o ressuscitarei no último dia.

JOÃO 6:44

Numa grande igreja onde preguei certo domingo sobre como a cruz demonstra que Deus pode redimir nossos sonhos perdidos e nosso sofrimento, um rapaz veio até mim querendo conversar. "Fiquei fora da igreja por 26 anos", disse. "Acabo de passar por um divórcio e por um fracasso nos negócios — tenho muitos sonhos perdidos. Bem, nesta semana eu disse a um amigo: 'Se Deus existe, porque Ele não nos ajuda?' Então, durante toda a semana, tive a sensação que deveria ir a um culto. O que você falou hoje à noite realmente me tocou. Foi uma comprovação de que eu deveria estar aqui."

Alguns minutos depois, um casal se aproximou. "Eu não vinha à igreja há muitos anos", disse o rapaz. "E eu *nunca* estive na igreja", disse a moça. "Mas, durante toda a semana, tivemos esse estranho sentimento de que deveríamos ir a um culto. O que você compartilhou hoje à noite era exatamente o que precisávamos ouvir. É como se devêssemos estar aqui."

Essas experiências gostosas, separadas apenas por minutos, me relembraram de que Deus está sempre trabalhando, trazendo pessoas para si. O desejo de Pai é que todos encontrem a salvação nele, então, Ele nos atrai para Jesus (1 Tm 2:4; Jo 6:44). Essas três pessoas não estavam na igreja por decisão própria — foram persuadidas a vir. Se elas continuarem a ouvir o Pai, encontrarão a vida eterna que desejam.

Deus é um Deus que convida, Ele nos atrai para si. Quando Jesus se senta no monte para entregar o Sermão, Ele está apenas fazendo o que Deus sempre fez: convidando-nos apaixonada e repetidamente a fazer parte de Sua família. E quando respondemos ao Seu convite, é porque Ele primeiramente nos persuadiu e nos ganhou.

"Deus o trouxe aqui porque ele o ama", eu disse ao primeiro rapaz, antes de conseguir-lhe uma Bíblia, para que ele levasse para casa. "Quando você sair daqui, vai encontrar toda a sorte de distrações no seu caminho, para que você ignore o que aconteceu hoje à noite. Não se distraia. Deus o está chamando. Escute-o e descubra quem Jesus é."

> Mas eu, quando for levantado da terra, atrairei todos a mim.
>
> JOÃO 12:32

Como você pode sentir Deus o convidando a cada dia? Quem Deus está atualmente atraindo entre os seus familiares e amigos?

UM CORAÇÃO PARA DEUS

Bem-aventurados os misericordiosos, pois obterão misericórdia.
Bem-aventurados os puros de coração, pois verão a Deus.

MATEUS 5:7-8

Retornamos onde começamos — à lista de pessoas que Jesus abençoa, as Bem-aventuranças. E ali achamos o pobre na carteira e o pobre no espírito, o sofredor, o misericordioso, o humilde e o puro, aqueles que clamam por justiça, aqueles que buscam trazer a paz e aqueles perseguidos porque fazem o que é certo — todos são bem-vindos por Jesus. O convite é radical. Independentemente de nossa idade, popularidade, status social ou potencial de ganho, nós somos convidados para a família. Uma vez que o aceitamos, encontraremos perdão, restauração, abraço e recompensa; amor, significado, sucesso e segurança. Somos chamados para estar com Deus, não importa quem sejamos, nossos lugares estão marcados em Sua mesa.

Já estabelecemos no início que nas Bem-Aventuranças há uma lista de pessoas, não de virtudes. Jesus não está nos pedindo para nos tornarmos humildes, puros ou misericordiosos aqui, ou pobres, sofredores e perseguidos. Essas pessoas são bem-vindas *apesar* dessas qualidades, não por causa delas. Há alguma coisa que podemos aprender sobre o porquê de essas pessoas serem abençoadas? Tem alguma coisa nelas que podemos imitar?

Jesus reescreve as regras das bem-aventuranças. Naqueles dias, alguém era considerado abençoado se vivesse justamente, tivesse uma família exemplar, amasse a sabedoria, mantivesse os amigos certos e talvez fosse materialmente próspero. Mas, nas Bem-aventuranças, Jesus redefine a pessoa abençoada como alguém que desfruta do favor de Deus, independentemente do seu status, *por causa do seu coração para Deus.*[7]

Apesar de sua pobreza, elas o adoram.
Apesar de serem perseguidas, elas o obedecem.
Elas são misericordiosas porque o seguem.
Elas são pacificadoras porque querem ser como Ele.

De acordo com Jesus, saúde, riqueza e popularidade não são as verdadeiras marcas da bênção. Ele abençoa aqueles que têm um coração para Deus. E Jesus vive isso pessoalmente. Ele se empobrecerá, sofrerá, será abusado e a justiça lhe será negada; Ele será ridicularizado por ser misericordioso e por viver justamente, buscará paz em vez de guerra e será perseguido por fazer o que é certo, tudo por causa de Seu coração para o Pai. É isso que podemos imitar: nós podemos ter um coração para Deus. É esse tipo de coração que Jesus diz que será resiliente.

Construir nossa vida sobre riquezas, status, orgulho, poder, conforto, felicidade ou do nosso jeito é construí-la sobre a areia (Mt 7:26-27). Somente o coração para Deus importa, somente o coração para Deus é resiliente, somente esse tipo de coração tem os recursos interiores para enfrentar as tempestades mais fortes.

A vida abençoada é a vida resiliente. No seu cerne, está o coração para Deus.

Quem dera eles tivessem sempre no coração esta disposição
para temer-me e para obedecer a todos os meus mandamentos.
Assim tudo iria bem com eles e com seus descendentes para sempre!

DEUTERONÔMIO 5:29

O que significam estas regras de bem-aventuranças
reescritas para as nossas ambições?
Que área da sua vida Deus quer dar mais a forma de Jesus?

Construir nossa vida sobre **RIQUEZAS**, status, orgulho, **PODER**, conforto, **FELICIDADE**, ou dar o nosso jeito é construí-la na areia.
Somente o **CORAÇÃO PARA DEUS** importa.
Somente o coração para Deus é **RESILIENTE**.
Somente o coração para Deus tem os recursos interiores para enfrentar as tempestades mais fortes. Uma **VIDA ABENÇOADA** é uma vida resiliente. No seu cerne, está o *coração para Deus.*

SheridanVoysey.com/Relient

PARTE 2
Seu Chamado

Quando Deus quer mudar o mundo, Ele não manda tanques,
Ele envia os mansos, os enlutados, aqueles que têm fome
e sede da justiça de Deus, os pacificadores...

TOM WRIGHT[8]

Vocês são o sal da terra. Mas se o sal perder o seu sabor, como restaurá-lo? Não servirá para nada, exceto para ser jogado fora e pisado pelos homens. Vocês são a luz do mundo. Não se pode esconder uma cidade construída sobre um monte. E, também, ninguém acende uma candeia e a coloca debaixo de uma vasilha. Pelo contrário, coloca-a no lugar apropriado, e assim ilumina a todos os que estão na casa. Assim brilhe a luz de vocês diante dos homens, para que vejam as suas boas obras e glorifiquem ao Pai de vocês, que está nos céus.

Não pensem que vim abolir a Lei ou os Profetas; não vim abolir, mas cumprir. Digo-lhes a verdade: Enquanto existirem céus e terra, de forma alguma desaparecerá da Lei a menor letra ou o menor traço, até que tudo se cumpra. Todo aquele que desobedecer a um desses mandamentos, ainda que dos menores, e ensinar os outros a fazerem o mesmo, será chamado menor no Reino dos céus; mas todo aquele que praticar e ensinar estes mandamentos será chamado grande no Reino dos céus. —Mateus 5:13-19

CHAMADO AOS PEQUENOS

Vocês são o sal da terra...
Vocês são a luz do mundo.

MATEUS 5:13-14

Que grupo variado de pessoas é esse reunido na encosta ouvindo Jesus! Alguns são doentes, outros sofrem de convulsões e dores crônicas, alguns são paralíticos e outros possuídos por demônios (Mt 4:24). Jesus olha para todos eles e diz: "Vocês são o sal da terra" (5:13). Centenas se reuniram lá, correndo de todos os cantos da região, para receber Sua bênção e obter a Sua cura. Há judeus de Jerusalém e Judeia, e até gentios de Hippos e Gadara.[9] Jesus olha para eles e diz: "Vocês são a luz do mundo" (5:14).

Sal da terra, luz do mundo. Sério, Jesus? O Senhor tem certeza disso? Que efeito poderia este bando de camponeses ter sobre qualquer coisa? Esses insignificantes? Esses gentios? Essa gente comum? Ele já os tinha abençoado mesmo sendo pobres, mansos, misericordiosos, humildes, tristes, repugnantes e oprimidos. Que tipo de influência poderia essa gente ter num mundo que favorece poder e status? Talvez Cristo só estivesse querendo ser legal com eles, dizendo coisas bondosas para aumentar sua autoestima.

Não, Ele não está fazendo isto. Logo, Jesus lhes dirá algumas coisas duras também. Jesus não está tolerando qualquer senso de vitimização psicológica aqui. Ele está lhes dizendo a verdade como Ele a vê — dizendo-lhes *a* verdade. Aqueles insignificantes são o sal que dará sabor e preservará a sociedade. Esses humildes são luzes que atrairão as pessoas para Deus. Essas pessoas comuns são os agentes escolhidos por Deus para trazer novamente harmonia para o mundo de acordo com o Seu plano. Como a história conta, logo eles virarão o mundo de cabeça para baixo (At 17:6).

Em nossos momentos de desespero — quando nos sentimos com baixo desempenho e uns "zés-ninguém", com falta de popularidade, plataforma, poder político ou perfil, achando que não exercemos qualquer influência no mundo e que temos pouco a oferecer a Deus —, vamos lembrar quem Jesus proclamou como os reformadores do mundo: os pequenos, gente comum, agricultores, suburbanos, os humildes. Não a elite ou poderosos ou os mais inteligentes da turma. Tudo o que esses pequenos tinham era a bênção de Jesus, uma santa distinção, atos luminescentes de amor e o Senhor como seu ponto central. A moeda de influência no reino de Deus não é poder no mundo, mas proximidade de Jesus. Seja qual for a quantidade de nossos dons, talentos, energia ou influência, Ele nos faz sal e luz, fazendo Sua obra através de nossas mãos, dando-nos um chamado na vida que não é nada menos que grandioso.

> Irmãos, pensem no que vocês eram quando foram chamados.
> Poucos eram sábios segundo os padrões humanos;
> poucos eram poderosos; poucos eram de nobre nascimento.
> Mas Deus escolheu as coisas loucas do mundo para envergonhar os sábios,
> e escolheu as coisas fracas do mundo para envergonhar as fortes.
>
> 1 CORÍNTIOS 1:26-27

> Como você tende a pensar sobre si: melhor
> ou pior do que Jesus o vê?
> Quanto você está buscando uma vida santa e consagrada?

CHAMADOS PARA INFLUENCIAR

Vocês são o sal da terra. Mas, se o sal perder o seu sabor, como restaurá-lo? Não servirá para nada, exceto para ser jogado fora e pisado pelos homens.

MATEUS 5:13

Você tem um chamado sublime em sua vida. Como seguidor de Jesus, você é chamado para ser um agente de Deus para a transformação do mundo. Esta é sua vocação maior, a carreira que está por trás de qualquer papel que você desempenhe ou do trabalho que realize. Jesus usa o "sal" para descrevê-la. O que Ele quis dizer com essa figura de linguagem? Provavelmente muitas coisas, mas dois usos populares do sal nos ajudarão a imaginar as maneiras de viver esse chamado.

Pense no saleiro que está sobre sua mesa na cozinha. Depois pense no açougueiro tratando a carne para que ela não se estrague. Nós usamos o sal diariamente para realçar o sabor e como um conservante para prevenir o apodrecimento. Talvez Jesus tenha usado essa metáfora para descrever a dupla influência que pessoas como você e eu devemos ter no mundo em nome de Jesus.

Temos de realçar o que é bom. Onde quer que achemos bondade, beleza e verdade em nossa comunidade — em nossa casa, escritório, universidade e fábrica, nos colegas, políticos ou nos que trabalham na mídia —, devemos afirmá-las, amplificá-las, realçá-las. Deve haver um lugar para expressarmos nossa reprovação aos males da sociedade através de um telefonema direto ou de uma carta de protesto. Mas quantos de nós falam, escrevem cartas ou usam a mídia social com uma mensagem de *encorajamento* quando um líder público faz o que é certo? Temos que realçar o que é bom, onde quer que o encontremos.

Se nós realçamos o que é bom, podemos encontrar um público mais agradável quando realizamos nosso segundo papel influenciador: combater o que é ruim. Devemos deter a decadência, impedir que a sociedade se deteriore. Temos que nos opor a ações, políticas e produtos que trarão danos aos nossos vizinhos e por todos os continentes. Podemos não ser amados pelo mundo quando fazemos isso, podemos até ser perseguidos, mas somos chamados para servir ao mundo que nos persegue (Mt 5:10-12,43-45).

Para o pastor e político John Stott, o chamado de Jesus para ser sal da terra não era nada menos do que um chamado à justiça social: para proteger a dignidade do indivíduo, providenciar direitos civis para as minorias, abolir a discriminação social e racial e cuidar dos pobres. "Sempre que os cristãos agem como cidadãos conscientes, eles estão agindo como sal da terra naquela comunidade",[10] afirmava.

Jesus não só o chama para ser Seu amigo (Jo 15:15), mas Ele o chama para influenciar a sociedade. Realçar o que é bom e interromper o que é ruim. E pelo bem do mundo, não perca a sua salinidade.

O amor deve ser sincero.
Odeiem o que é mau; apeguem-se ao que é bom.

ROMANOS 12:9

Por que você acha que Jesus afirmou
que esse "sal" não devia perder sua salinidade?
Por quais causas sociais você é mais tocado e comprometido?

CHAMADOS PARA BRILHAR

Vocês são a luz do mundo. Não se pode esconder
uma cidade construída sobre um monte.

MATEUS 5:14

Se você não cresceu num lar cristão, há grandes chances de que o que o trouxe à fé não foi um programa de rádio ou televisão; um post em um blog ou um artigo de revista; um sermão numa igreja ou um debate na universidade, mas um seguidor de Jesus que entrou em sua vida e brilhou de uma forma maravilhosamente diferente. Jesus profetizou isso! Deus é descrito como uma luz branca pura (1 Jo 1:5). Jesus brilhou com essa luz (Mt 17:2). E, como uma chama passada de castiçal para castiçal, Jesus diz ao Seu povo para irradiar essa luz também. "Vocês são a luz do mundo. Não se pode esconder uma cidade construída sobre um monte" (Mt 5:14).

Esse é o segundo grande chamado que Jesus nos faz. Devemos ser sal em nossa comunidade — realçando o que há de bom nela e detendo o que é mau —, e devemos ser luz para os que nos rodeiam. Como sal, influenciamos, como luz, iluminamos. Assim como as luzes de uma cidade podem ser vistas a quilômetros de distância, como as lâmpadas iluminam uma sala quando as acendemos, somos chamados para brilhar publicamente. No nosso trabalho, no café, na creche, na academia, no shopping, no clube do livro, na classe da universidade, nos campos de futebol ou quadras de esportes, nós temos que brilhar a luz que ajuda os outros a saírem da escuridão.

Nossas palavras podem trazer luz para as pessoas, revelar a verdade, oferecer esperança e compartilhar a realidade de Deus de maneiras criativas (2 Pe 1:19). Mas, de acordo com Jesus, as coisas que nós fazemos podem realmente escancarar a porta para deixar brilhar a luz que está dentro de nós. "Assim brilhe a luz de vocês diante dos homens, para que vejam as suas boas obras e glorifiquem ao Pai de vocês, que está nos céus" (Mt 5:16). Visitar o doente, servir o pobre, ajudar o desempregado a achar um emprego e os solitários a encontrarem amigos; patrocinar uma criança, cortar a grama de alguém, financiar um projeto habitacional ou voluntariar-se para ajudar num centro de distribuição de alimentos; sendo hospitaleiro, acolhendo refugiados, reabilitando prisioneiros, fazendo compras para os idosos — tais atos, e outros mais, revelam o Deus que ama nosso próximo e que agora vive em nós.

A propósito, é isso que significa glorificar a Deus. Quando nossa vida reflete alguma coisa da vida e luz de Deus, nós o glorificamos — nós o revelamos. E Ele é um Deus cativante. É por isso que as pessoas o louvam quando veem nossas boas obras. Elas reconhecem que há uma outra "fonte" por trás de nossas palavras e obras.

"Um cristão só precisa *ser* para mudar o mundo", diz Christopher Dawson, "pois, naquele ato de ser, está contido todo o mistério da vida sobrenatural."[11]

Então vá e seja sal, vá e seja luz.

Seja uma luz que reluz uma miríade de atos graciosos.

> Aqueles que são sábios reluzirão como o brilho do céu, e aqueles que conduzem muitos à justiça serão como as estrelas, para todo o sempre.
>
> DANIEL 12:3

Como você tem visto Deus brilhar através de outros?
Que ação prática você executará para revelar a bondade de Deus?

CHAMADOS PARA AMAR

Respondeu Jesus: "Ame o Senhor, o seu Deus de todo o seu coração, de toda a sua alma e de todo o seu entendimento". Este é o primeiro e maior mandamento. E o segundo é semelhante a ele: "Ame o seu próximo como a si mesmo".

MATEUS 22:37-39

Certa vez, um amigo e eu fizemos uma peregrinação da ilha Lindisfarne até a Catedral de Durham no Norte da Inglaterra. Muito da caminhada do segundo dia fizemos olhando para o Castelo de Dunstanburgh. Esse forte do século 14 pode estar em ruínas, mas continua sendo o maior castelo em Nothumberland. Ele foi construído de forma a ser visto de todos os ângulos e, sete séculos mais tarde, ainda é impressionante.

O Castelo de Dunstanburgh foi construído por Thomas, Conde de Lancaster, com um propósito: declarar a riqueza e a glória de Thomas para o distrito. De muitas maneiras, ele teve êxito. Centenas de anos depois da sua morte, o castelo que construiu mantém seu nome vivo. Mas, no sentido mais importante, ele falhou. A placa na frente do castelo que descreve Thomas aos visitantes, o relembra como um homem "arrogante e impopular".

Quando falamos do nosso chamado na vida, é fácil ir direto às coisas grandes que gostaríamos de alcançar — os livros que escreveremos, os negócios que vamos começar, as igrejas que plantaremos, os "castelos" que deixaremos para trás. Talvez você gere algo que vai sobreviver depois que você tiver partido. Mas essa não será a parte mais importante do seu legado.

Somos chamados para ser sal, somos chamados para ser luz. E os dois nascem de um chamado mais fundamental: o chamado ao amor. "Ame o Senhor, o seu Deus de todo o seu coração, de toda a sua alma e de todo o seu entendimento... Ame seu próximo como a si mesmo" (Mt 22:37-39). Jesus diz que não há chamado maior para vivermos do que esse. O amor é a lei por trás de todas as leis (22:40) e é o fundamento por baixo de tudo o que Ele discute no Seu Sermão. Ame Deus, ame os outros. O resto é detalhe.

O amor a Deus vem primeiro por duas boas razões. Devemos obedecer-lhe acima de todos (At 5:29) e amá-lo antes de todos os outros (Êx 20:3; Mt 10:37), porque Ele é Deus, infinitamente bom e ninguém mais é digno de honra. Mas, depois, por amar Deus primeiro, nós amamos os outros melhor. A essência de Deus é o amor; quando o adoramos, nos tornamos mais amáveis (1 Jo 4:7-12). O amor a Deus e o amor aos outros estão intrincadamente ligados.

Então imagine que, depois que você morrer, uma placa será colocada na frente da sua casa falando de você aos visitantes. O que a placa diria? Além dos "castelos" que você construiu, como ela o descreveria? Como alguém que realizou muito, mas amou pouco, ou como alguém que realizou muito porque amou muito?

No final, os castelos que construirmos para nós ruirão. Tudo o que permanecerá de nossa vida será o amor.

Ame Deus, ame os outros. O resto é detalhe!

> Assim, permanecem agora estes três:
> a fé, a esperança e o amor. O maior deles, porém, é o amor.
>
> **1 CORÍNTIOS 13:13**

> Como esse chamado ao amor pode se cumprir
> através do seu trabalho diário?
> E se você examinasse cada dia pelo quanto você amou,
> em vez de quanto realizou?

CHAMADOS E CAPACITADOS

Não se embriaguem com vinho, que leva à libertinagem, mas deixem-se encher pelo Espírito.

EFÉSIOS 5:18

Nossa vida aqui consiste em: ser o sal que realça o sabor de Deus na Terra, luz que revela as cores de Deus no mundo e o amor que traz à vista o Deus que não se vê.¹² Temos que encher o mundo com coisas boas, seja através de palavras ou atos, falando ou ouvindo, fazendo ou ajudando, trabalhando ou jogando.

Mas, para encher o mundo com coisas boas, primeiramente precisamos ser cheios de coisas boas. Não podemos dispensar o que não temos. Para ser sal, luz e para amarmos, devemos ser cheios do Deus que tem essas qualidades e muito mais; e Ele só requer de nós uma coisa.

Note, por um momento, como o Espírito Santo reage a espaços vazios. No livro de Gênesis, vemos primeiramente o Espírito pairando sobre o mundo vazio e sem forma (Gn 1:2). Então, Ele é soprado nos seres humanos vazios (2:7). Ele enche o templo vazio com Sua presença (2 Cr 5:11-14). Enche Jesus, que se esvaziou de Seus privilégios (Mt 3:13-16; Fl 2:7). No Pentecoste, enche os discípulos atemorizados (Jo 20:19; At 2:1-4). Devemos trazer a nossa alma sedenta para que o Espírito a sacie e oferecer nosso corpo vazio como Seu templo (Jo 7:37-39; 1 Co 6:19). Não devemos encher nosso coração com vinho, mas com o Espírito (Ef 5:18). O Espírito ama preencher um vácuo.

Se isso é verdade, então há uma coisa chamada vazio santo — um espaço reservado para Ele. Podemos ser cheios do Espírito Santo oferecendo-lhe esse vazio e tendo a certeza de que nada mais preencherá esse lugar.

Muitas coisas competem por nosso vazio. O vinho é só uma delas. O orgulho, a ganância, a amargura e a lascívia buscam encher aquele vazio, assim como os temores, sonhos e planos que frequentemente nos consomem. TV, revistas e as mídias sociais podem nos encher com barulho. E a maioria de nós é craque em preencher nossa vida com nós mesmos.

Há no seu coração espaço para o Espírito Santo? Você fará lugar para Ele? A boa notícia é que podemos fazer, sim. A confissão nos limpa dos pecados e cria lugar para o Espírito (1 Jo 1:9). O perdão remove o obstáculo que a amargura ergue (Cl 3:13). A adoração esvazia nosso coração de nós mesmos (Sl 63:1-4), e a oração abre espaço para Sua voz (1 Sm 3:1-10). Quando Ele vem, nos enche de poder, coragem e capacidades sobrenaturais (At 2:42-47) e amor, alegria, bondade e domínio próprio (Gl 5:22-23).

O Espírito Santo ama trazer a Sua dinâmica, Sua presença criativa a espaços vazios. Vamos dar-lhe o que Ele quer: nosso vazio para que Ele o preencha, capacitando-nos para ser sal, luz e amor para o mundo.

> Depois de orarem, tremeu o lugar em que estavam reunidos;
> todos ficaram cheios do Espírito Santo
> e anunciavam corajosamente a palavra de Deus.
>
> ATOS 4:31

O que está tomando o espaço do Espírito em seu coração?
Você devolveria esse espaço para Deus agora?

CHAMADOS E DOTADOS

A cada um, porém, é dada
a manifestação do Espírito, visando ao bem comum.

1 CORÍNTIOS 12:7

Há alguns anos, entrevistei uma lenda da música: Andraé Crouch. Com sua banda *Os Discípulos*, Andraé foi um dos pioneiros da música gospel e trabalhou em álbuns de Michael Jackson, Diana Ross, Madonna e Stevie Wonder. Mas havia uma distorção no seu sucesso. Andraé não lia uma simples nota musical.

A história era esta: quando ele era criança, seu pai, Benjamim Sr., um homem de negócios, respondeu a um chamado para pregar, num domingo, numa pequena igreja. Com dez pessoas no culto e sem um pianista, Benjamin Sr. surpreendeu Andraé quando o chamou na frente da congregação. Andraé tinha 11 anos, uma gagueira forte e sofria de dislexia. Era tímido e retraído e não tinha ideia do que seu pai iria fazer.

—Andraé, ele disse, se Deus lhe desse o dom da música, você o usaria para a glória de Deus até o resto da sua vida?

—SSSSSSSiiiiimmm, papai! Andraé gaguejou.

Seu pai impôs as mãos sobre Andraé e orou. Se Andraé recebesse o dom da música, Benjamin Sr. tomaria isso como um sinal para deixar seus negócios e pastorear em tempo integral.

Quando a congregação solicitou que Benjamin viesse pregar novamente, a família retornou à pequena igreja por mais três domingos. Na última semana, Benjamin Sr. novamente chamou seu filho à frente.

—Bem, se você vai tocar, toque, disse ele.

Andraé não podia acreditar no que ouvira! Embora ele amasse música, o mais perto que chegara de um piano tinha sido um papelão com um teclado pintado, um presente que sua mãe lhe dera. Benjamin Sr. girou a banqueta para a altura de Andraé e explicou-lhe para que serviam os pedais e o fez sentar-se na frente das teclas. A congregação começou a cantar um velho hino, *O grande Amigo* (CC 155). Andraé alcançou as notas... e começou a tocar com as duas mãos acompanhando a congregação.[13]

Essa experiência foi excepcional, eu sei, mas, de acordo com as Escrituras, *todos nós* recebemos dons e habilidades do Espírito Santo para fazermos a obra dele (1 Co 12:7). Alguns desses dons espirituais são dramáticos, como falar em línguas estranhas e fazer milagres (12:10) — ou tocar um instrumento sem jamais haver aprendido antes. Outros são menos chamativos, como os dons de servir, ensinar, doar ou encorajar (Rm 12:7-8). Seja "espetacular" ou "comum", cada dom vem de Deus e não deve ser negligenciado.

Não fomos chamados para ser sal, luz e amor no mundo pelas nossas próprias forças ou talento somente. O Espírito Santo nos dá poder para fazermos o extraordinário. Se você não sabe que talentos você tem, comece por conhecer a variedade de dons mencionados na Bíblia,[14] depois experimente alguns deles, servindo aos outros e obtenha pareceres ou opiniões. A alegria e a eficiência serão pistas que o ajudarão a identificar quais são os seus dons.

Você pode não ser capaz de sentar-se ao piano e tocar fluentemente sem ter estudado, mas Deus quer fazer Sua obra através de você de maneiras que somente Ele pode.

Você não é só chamado, você é dotado.

> Se alguém fala, faça-o como quem transmite a palavra de Deus.
> Se alguém serve, faça-o com a força que Deus provê,
> de forma que em todas as coisas Deus seja glorificado mediante Jesus Cristo,
> a quem sejam a glória e o poder para todo o sempre. Amém.
>
> 1 PEDRO 4:11

Quais dons você recebeu?
Como você os tem usado?

CHAMADOS PARA A COMUNIDADE

Ora, vocês são o corpo de Cristo, e cada um de vocês,
individualmente, é membro desse corpo.

1 CORÍNTIOS 12:27

Amo a história do poeta Caedmon do século 7! Originalmente, ele era um lavrador no Mosteiro de Whitby, no norte da Inglaterra. Uma noite, teve um sonho extraordinário. No sonho, um homem lhe pedia para cantar uma música sobre a criação. Como era um lavrador, não um músico, Caedmon timidamente se recusou, mas o homem do sonho assegurou Caedmon que ele era capaz, e, no desenrolar, Caedmon compôs uma música louvando o Criador de tudo:

Agora nós devemos honrar o Guardião dos céus,
poder do Arquiteto, e Seu propósito,
a obra do Pai da glória
como Ele, o eterno Senhor, estabeleceu o início das Maravilhas...

Ao acordar no dia seguinte, Caedmon descobriu que conseguia lembrar da música com detalhes. Ele contou ao seu capataz sobre a experiência, e este o levou até a abadessa Hilda. Ela escutou atentamente a história de Caedmon e deu-lhe uma tarefa: faça um outro poema, desta vez, baseado num versículo das Escrituras. Caedmon retornou no dia seguinte com o novo poema.

Reconhecendo o dom divino de Caedmon, Hilda deu ordens aos seus eruditos que lhe ensinassem história e Bíblia. A cada dia lhe pediam que escrevesse um novo poema. Através do antigo historiador Bede, soubemos que, depois de uma noite de reflexão num versículo que lhe fora dado, Caedmon escreveu versos com tal "doçura e humildade" que as pessoas eram movidas a adorar e a se converter.[15]

A história de Caedmon ilustra lindamente a conexão entre o chamado e a comunidade. Mesmo sendo um simples agricultor do monastério, Caedmon era parte do "Corpo" de Cristo, a Igreja (1 Co 12:12-31). O Espírito

Santo lhe deu um dom e este foi confirmado pelos crentes ao redor dele — primeiro por seu capataz, depois por Hilda. Ao reconhecer seu dom, Hilda ajudou a "abanar" até surgirem as chamas, dando a Caedmon treinamento e oportunidades para servir (2 Tm 1:6). O Mosteiro de Whitby tornou-se então a base para compartilhar seu dom com o mundo.

Somos chamados, somos capacitados, somos dotados. E tudo isso acontece dentro da Igreja, o Corpo de Cristo. Como Caedmon, nosso chamado é descoberto e nosso dom é confirmado no contexto da comunidade cristã.

A um simples lavrador foi dada uma habilidade extraordinária — Caedmon foi um dos "pequeninos" que Jesus ama usar. Mas ele não serviu sozinho, era parte do Corpo de Cristo.

> Dele todo o corpo, ajustado e unido pelo auxílio
> de todas as juntas, cresce e edifica-se a si mesmo em amor,
> na medida em que cada parte realiza a sua função.

EFÉSIOS 4:16

Você é comprometido
com uma igreja local ou comunidade de fé?
Como os outros
têm confirmado seus dons e você os deles?

CHAMADOS PARA SONHAR

Então vi um novo céu e uma nova terra, pois o primeiro céu e a primeira terra tinham passado; e o mar já não existia.

APOCALIPSE 21:1

Se eu e você conversássemos um pouco e eu espreitasse a sua alma, não levaria muito tempo para eu descobrir que você tem sonhos. Quero ser alguém, desejo realizar algo, tenho metas e aspirações que eu gostaria de realizar. E se eu especulasse um pouco mais, poderíamos rastrear cada sonho até as suas inspirações — ao livro, herói, experiência ou filme que lhe deu um vislumbre do que buscar. Sonhos são assim: eles nos chamam para um futuro baseado em algo que já vimos.

Deus tem um sonho para o mundo. Esse sonho não é um mero desejo, o seu cumprimento é prometido. Seu sonho é um novo céu e uma nova Terra, e Ele está guiando toda a história para isso. Não sabemos como exatamente será esse sonho quando ele se realizar, mas Deus nos deu um vislumbre dele. E o sonho de Deus pode inspirar os nossos sonhos também.

O sonho de Deus é um lugar de cumprimento de anseios. Os anunciantes podem gritar bem alto, mas nossos desejos mais profundos nunca serão satisfeitos com uma nova ida ao shopping. Como Blaise Pascal declarou, há um vazio no formato de Deus no coração e só Ele pode preenchê-lo. "Ouvi uma forte voz que vinha do trono e dizia: 'Agora o tabernáculo de Deus está com os homens, com os quais ele viverá. Eles serão os seus povos; o próprio Deus estará com eles e será o seu Deus...'" (Ap 21:3). No sonho de Deus, nosso anseio se cumpre.

O sonho de Deus é um lugar de feridas curadas. Toda lágrima será enxugada de nossos olhos e não haverá mais tristeza ou dor (21:4). Não haverá mais morte, deficiência e doença (Is 35:5-6; 65:20), e nossa Terra gemente será redimida (Rm 8:18-23). Ribeiros correrão no deserto, flores desabrocharão, as secas e as inundações cessarão (Is 35:1,6). A terra e a humanidade serão restauradas completamente no sonho realizado de Deus.

O sonho de Deus é um lugar de beleza radiante. Os novos céus e terra cintilarão com a beleza do próprio Deus — uma glória como a das joias mais deslumbrantes (Ap 4:3; 21:11,18). A nova criação não será só boa, sua estética será irresistível. E o sonho de Deus é um lugar de harmonia restaurada. Haverá harmonia entre as nações, à medida que andam na luz de Deus e transformam suas espadas em instrumentos de jardinagem (Ap 21:24; Is 2:4). Haverá justiça econômica para o pobre (Is 11:4; 65:21-23) e harmonia entre os animais (11:6). O sonho de Deus é um lugar de paz.

Em Seu Sermão do Monte, logo Jesus nos chamará para orar para que o sonho de Deus se torne realidade — na Terra como no Céu; agora, não apenas no porvir. E se o sonho de Deus nos inspirasse a nos tornarmos pastores e missionários para ajudar a realizar o anseio espiritual? Ou enfermeiros e terapeutas para ajudar a curar as feridas das pessoas? Ou designers e produtores de cinema para ajudar a espalhar a beleza de Deus? Ou profissionais de ajuda e políticos para ajudar a restaurar a harmonia de Deus? As possibilidades são intermináveis. Seja um trabalhador de tempo integral ou um voluntário, se fizermos um bom trabalho no nome de Jesus, poderemos ser parte do cumprimento do sonho de Deus.

> Venha o teu Reino; seja feita a tua vontade,
> assim na terra como no céu.
>
> **MATEUS 6:10**

Que sonhos você tem para sua vida?
De que maneira eles estão moldados
pelo sonho de Deus para o futuro?

CHAMADOS PARA OUVIR

O Senhor voltou a chamá-lo como nas outras vezes: "Samuel, Samuel!".
Então Samuel disse: "Fala, pois o teu servo está ouvindo".

1 SAMUEL 3:10

O que sabemos sobre a multidão que se reuniu para ouvir Jesus falar no monte? Sabemos que eram pessoas "sem importância", pequenas aos olhos do mundo. Sabemos que, apesar do seu status, eles tinham um coração para Deus. E sabemos que eles estavam entusiasmados para ouvir Jesus. Embora a cura tenha sido sua primeira motivação para vir (Mt 4:24), eles ficaram para ouvir o Sermão de Jesus e ficaram pasmos com Suas palavras (7:28-29).

Para ouvir o chamado de Deus, nós devemos querer ouvi-lo. Mas, sem a presença física de Jesus conosco, como faremos isso? Uma história do Antigo Testamento pode ajudar.

O jovem Samuel estava dormindo no tabernáculo (1 Sm 3:3). Os estudiosos bíblicos nos dizem que a localização é significativa. No mundo antigo, alguém que queria descobrir os planos de Deus dormia onde se pensava que Deus habitava. Samuel queria ouvir a voz de Deus.

Samuel é despertado por uma voz chamando-o pelo seu nome: "Samuel!". Note que ele reconhece as palavras ditas. A voz não falava italiano, suaíli ou a língua dos anjos, mas Samuel confunde a voz com a voz do profeta Eli.

O menino ouve a voz chamá-lo novamente: "Samuel!". Novamente ele corre até Eli, e novamente Eli lhe diz que ele está errado e que deve voltar a dormir. Samuel havia sido dedicado ao Senhor como bebê e já servia no templo (1:11-28; 2:18), mas ele ainda não conhecia o Senhor (3:7). Ele não reconhece aquela voz como a voz de Deus. Somente quando a misteriosa experiência acontece pela terceira vez, Eli percebe que é Deus quem está falando. Então, instrui Samuel sobre como responder: "Se alguém chamar de novo, diga, 'fala, pois o teu servo está ouvindo'" (3:9).

Essa história nos diz muito sobre ouvir a voz de Deus hoje:
1. Deus fala àqueles que estão numa posição para ouvi-lo.

2. Deus fala de maneiras que podemos entender.
3. Nós precisamos de crentes maduros que nos ajudem a diferenciar a voz de Deus das vozes de outros.

Ao longo do curso de nossa vida, haverá muita necessidade da direção de Deus. Devemos nos casar? Se sim, com quem? Que carreira devemos seguir? Deus pode usar um verso das Escrituras para nos guiar, ou as palavras de um amigo, uma coincidência estranha, ou um sussurro suave. Embora, às vezes, seja enigmático e frequentemente custoso obedecer, Sua direção será inteligível para nós, e mentores piedosos nos ajudarão a entendê-la.

Mas nossa primeira tarefa no ouvir Deus é desenvolver uma postura de escuta, como Samuel no tabernáculo, Moisés na tenda (Ex 33:7-9), Elias no alto da montanha (1 Rs 19:11-12), e Maria sentada aos pés de Jesus (Lc 10:38-42).

Com Samuel nós dizemos: "Fala, pois o teu servo está ouvindo".
Com a multidão na encosta da montanha, nós ouvimos.

> De madrugada, quando ainda estava escuro, Jesus levantou-se,
> saiu de casa e foi para um lugar deserto, onde ficou orando.
>
> MARCOS 1:35

Você tem um lugar especial onde você
se encontra com Deus para ler a Palavra e orar?
Com que frequência você separa tempo para ouvir Deus?

CHAMADOS PARA LIDERAR

Dominem sobre os peixes do mar, sobre as aves do céu
e sobre todos os animais que se movem pela terra.

GÊNESIS 1:28

Durante um feriado, minhas sobrinhas me apresentaram o programa favorito de TV delas, *O Encantador de Cães*. Na série, Cesar Milan, um comportamentalista animal intuitivo, dá conselhos para pessoas com animais indisciplinados. Eu logo fiquei fã do programa também.

Mas não precisei assistir outros episódios para reconhecer que qualquer que seja o problema — um cão que fica correndo atrás de seu rabo sem parar, outro que late o dia todo, que fica agressivo diante de visitas, ou que ataca outros cães na rua — o conselho de Cesar é basicamente o mesmo: cada dono tem que exercitar a calma e a liderança assertiva sobre o animal. Quando os donos tratam os cães como iguais (o que muitos fazem) ou como filhos substitutos (o que muitos *mais* fazem), os cães enchem o vazio de liderança e começam a mandar na casa. Mas, quando recebem treino, disciplina e (somente aí) afeição, a paz é restaurada, e os próprios cães se sentem mais felizes.

Percebi uma coisa assistindo *O Encantador de Cães*: conscientemente ou não, o que Cesar Milan estava fazendo era ensinar o que é chamado de "mandato da criação". Quando Deus disse a Adão e Eva: "Dominem sobre os peixes do mar, sobre as aves do céu e sobre todos os animais que se movem pela terra" (Gn 1:28), Ele estava colocando a humanidade como responsável pelo mundo animal. E Deus os colocou no Éden para "cuidar dele" (2:15), Ele estava chamando a humanidade para cultivar a terra. Dominar os animais, cultivar a terra — em submissão a Deus, temos que exercitar uma liderança parecida com a de Deus sobre a criação. Isso é o que significa ser criado à "imagem" de Deus (1:27).

Mas a humanidade abandonou a submissão a Deus, distorceu Sua imagem divina e perturbou todos os outros relacionamentos como resultado disso. Em vez de cultivar a terra, a temos destruído por causa da ganância. Em vez de dominar os animais, temos abusado deles ou feito deles iguais. Os humanos devem liderar bem para que a criação prospere. Jesus veio restaurar nossa humanidade e renovar a imagem de Deus dentro de nós (Cl 3:9-10). Submetendo-nos de novo a Ele, mais uma vez imitamos Seu domínio carinhoso: cuidando do reino animal liderando-o bem, cultivando a terra para ser frutífera e sustentável. Esse princípio se aplica além da Zoologia e Engenharia Florestal. Qualquer coisa que criamos, organizamos, ou governamos — seja uma casa, um negócio, um time de futebol ou o conselho municipal — é para ser liderado como se o próprio Deus estivesse liderando.

Cesar Milan na realidade não treina os cães, ele treina os humanos para levarem à sério sua tarefa no mundo de Deus. Jesus, em Seu Sermão na encosta do monte, nos ensina a sermos sal, luz e amor; Ele nos chama a levar à sério nosso papel de liderança.

Liderar em nossas ocupações como Ele faria.
Exercitar autoridade piedosa.
Liderar, nutrir e cultivar.

Porque somos criação de Deus realizada em Cristo Jesus para fazermos boas obras, as quais Deus preparou de antemão para que nós as praticássemos.

EFÉSIOS 2:10

Como você está liderando e cuidando da criação de Deus?
Como você pode exercitar uma
liderança piedosa hoje, seja qual for o seu papel?

CHAMADOS PARA GUIAR

Vocês, porém, são geração eleita, sacerdócio real, nação santa,
povo exclusivo de Deus, para anunciar as grandezas daquele
que os chamou das trevas para a sua maravilhosa luz.

1 PEDRO 2:9

Ela é um fenômeno da televisão, lançou revistas e canais a cabo, lotou estádios com seus eventos e matriculou milhões em seus cursos de autoajuda. Pode ser considerada uma das mulheres de negócios mais bem sucedidas da história, mas a autodescrição de Oprah Winfrey é muito mais religiosa. "Sou a mensageira que traz a mensagem da redenção", disse numa entrevista — "de esperança, de perdão, de gratidão, para desenvolver as pessoas até o melhor delas mesmas."[16] Para seu dedicado público, o conselho de Oprah é equivalente à revelação divina. Para muitos, ela se tornou a suma sacerdotisa da religiosidade sem religião.[17]

Quando um mundo secular rejeita a igreja, ele não renuncia à direção espiritual, mas vai buscá-la em outro lugar. Embora ignore os sacerdotes vestidos de mantos (ou pastores vestidos de ternos), logo estará procurando por sacerdotes de outro tipo para ajudá-lo a navegar pela vida. Pode ser um autor favorito, um vidente, ou a apresentadora de um programa de entrevistas como Oprah, que oferece "esperança" e "redenção". Psicoterapeutas têm se tornado sacerdotes modernos, ouvindo as nossas ansiedades e oferecendo cura. Palestrantes motivacionais viajam pelo país oferecendo "sermões" na forma de dicas e inspiração para a vida.

Todos precisamos de orientações, todos precisamos de um sacerdote. Seres espirituais sempre precisaram de líderes espirituais. Quando Deus formou a nação de Israel, Ele estabeleceu um sacerdócio que mediaria Sua voz e perdão para o povo (Nm 3:5-9). Quando Jesus veio à Terra, foi como o último sacerdote, mediando a voz e o perdão de Deus para nós (Hb 2:17). E quando Jesus nos recruta para Sua missão, Ele *nos* envia como sacerdotes para falar as palavras de Deus e oferecer Seu perdão também (1 Pe 2:5).

Pense nisso por um momento. As pessoas estão procurando por guias espirituais, e eu e você somos enviados como sacerdotes. Não precisamos de mantos ou colarinhos clericais, apenas de santidade e humildade (1 Pe 2:11; 5:5). Não precisamos de títulos nem de ordenação, somente gentileza e preparação (3:15-16). Nós somos o sal da terra, somos a luz do mundo... Nós devemos ser os sacerdotes para nossos vizinhos.

Um amigo meu descobriu um novo chamado — ser o capelão da sua rua. Mike gasta tempo com seus vizinhos, cuida dos filhos deles, oferece ajuda prática para os que precisam, visita os doentes, escuta os desejos e os temores das pessoas e ora por quem quiser receber a oração. Não é de surpreender que as conversões começaram a acontecer. Mike está sendo um sacerdote.

Você é o guia sacerdotal enviado por Deus para "anunciar a grandeza daquele que o chamou" (2:9). Para quem você está sendo a voz de Deus? Para quem você está oferecendo o perdão dele? Quem você está ajudando a vir para a luz?

Muitas vidas têm sido transformadas através de uma conversa durante um café com um amigo cheio do Espírito.

Tu os constituíste reino e sacerdotes
para o nosso Deus, e eles reinarão sobre a terra.

APOCALIPSE 5:10

Para quem você tem sido a voz de Deus?
Para quem você pode ser um capelão nesta semana?

CHAMADOS PARA VIVER COM JUSTIÇA

Não pensem que vim abolir a Lei ou os Profetas;
não vim abolir, mas cumprir.

MATEUS 5:17

Quando eu tinha vinte e poucos anos, tive uma revelação. Estava dirigindo para o trabalho e entendi que as leis de trânsito existiam para o nosso benefício. O limite de velocidade foi estabelecido não para cercear minha liberdade ou provar que eu sou um burlador da lei, mas para proteger a mim e aqueles que me rodeiam. Se eu correr e perder o controle do meu carro, posso me machucar e machucar aquele que dirige em sentido contrário, ou alguém que anda na calçada. Aquelas leis existem porque a vida humana tem valor e deve ser protegida.

Fiz uma descoberta semelhante com os Dez Mandamentos. Essa "Lei de Moisés" foi estabelecida para proteger a vida e ajudar as pessoas a crescerem. Você não consegue crescer quando sua vida está em perigo (Êx 20:13), quando seus pertences foram roubados (20:15), ou quando é perturbado por um perseguidor (20:17). Você não pode crescer trabalhando sem parar (20:8-11) ou adorando qualquer coisa além de Deus (20:1-6).

Então, não surpreende Jesus dizer que não veio para abolir a lei de Moisés (Mt 5:17). Ela tem um propósito importante. Maus hábitos como roubo, assassinato e idolatria eram tão destrutivos depois que Jesus veio como eram antes, então por que tirar as muretas de proteção? O que Jesus veio fazer foi *cumprir* a Lei, enchê-la de significado, restaurar sua intenção de proteger a vida e lutar contra alguns mestres religiosos que a tinham transformado em um sistema de meritocracia com Deus. Como veremos, é isso que Jesus faz no resto do seu Sermão.

Embora Jesus diga que a Lei não deve ser abolida, ela também não deve ser o nosso foco. Não temos que descobrir cada injunção do Antigo Testamento para poder segui-lo escrupulosamente. Nosso foco é Jesus, não a Lei. Jesus é o cumprimento da Lei, e Ele desmorona todas as leis de Moisés e as resume somente em dois mandamentos: Amar Deus e amar o próximo. Quando seguimos a Cristo e vivemos uma vida de amor, a Lei está preservada. No caso da velocidade, a lei da Terra se alinha com a lei de Deus, mas muitas vezes isso não acontece — as leis do nosso país podem permitir coisas que Deus não permite. No Seu Sermão, Jesus nos chama a viver com justiça para o nosso bem e o dos outros. Mas, para nós, quem define o que é certo, justo, é Ele.

> O amor não pratica o mal contra o próximo.
> Portanto, o amor é o cumprimento da lei.
>
> **ROMANOS 13:10**

Quem define o que é certo e errado para você na prática?
No que o Espírito o está chamando para mudar hoje?

CHAMADOS PARA VIVER BRAVAMENTE

Então o Senhor disse a Abrão:
"Saia da sua terra, do meio dos seus parentes e da casa
de seu pai, e vá para a terra que eu lhe mostrarei...".

GÊNESIS 12:1

O antílope africano é um animal parecido com o veado que pode pular uma altura de mais de três metros e uma distância em torno de 11 metros. Porém, o antílope pode ser mantido em qualquer zoológico com muros de um metro de altura. Por quê? Porque ele não é alto o suficiente para espreitar por cima da barreira, e se ele não pode ver onde seus pés vão pousar, ele não pula.

Isso acontece conosco. Não damos um salto de fé a menos que saibamos onde vamos pousar, por isso raramente experimentamos a aventura da vida cristã como deve ser. Mas, se seguirmos Aquele que nos chama para ser sal, luz e amor no mundo, Aquele que nos chama para sonhar, ouvir, liderar e guiar, logo seremos chamados a saltar de nossa vida confortável para lugares arriscados, desconhecidos.

Nosso guia nisso é Abraão, que saltou bravamente quando chamado por Deus (Gn 12:1-8). Ele tinha 75 anos na época, não tinha filhos (11:30) e foi chamado a deixar sua casa numa idade quando a segurança é preciosa e a receber a promessa de um filho quando a ideia parecia absurda. Porém Deus não deu detalhes sobre "onde" e "como" seriam cumpridos esses chamados. Ele disse apenas: "Vá para a terra que eu lhe mostrarei. Farei de você um grande povo" (12:1-2).

Salte de seu conforto, Abrão — salte!
Eu guiarei seus pés, mas primeiro você precisa saltar.

Imagine-se como Abraão tentando explicar aos que o rodeavam, imagine o olhar inquiridor deles, o risinho em suas faces, o cochicho por trás das costas dele e os seus próprios questionamentos. Como aqueles chamados para construir barcos em terra seca (Gn 6:9-22) ou para curar mendigos aleijados (At 3:1-8), ou orar por assassinos conhecidos (At 9:10-18), ou alimentar milhares com poucas sobras (Mc 6:30-44), os saltos de fé raramente fazem sentido para os outros.

Mesmo assim, Abraão salta. Ele parte pela fé, logo encontra sua terra, mais tarde tem seu filho e finalmente gera uma nação. Deus guia os pés de Abraão, mas somente uma vez ele teve que saltar.

Em três ocasiões Deus me chamou para saltar da minha zona de conforto. Em cada caso, eu deixei um trabalho seguro sem saber o que viria pela frente.

Salte de seu conforto, Sheridan — salte!
Eu guiarei seus pés, mas primeiro você precisa saltar.

Em cada caso, Deus me levou a um lugar de maior serviço e impacto. Entretanto, eu não sou seu modelo de vida. Em cada caso, preocupei-me muito com dinheiro e com o que o futuro me reservava. Em cada caso, fui mais antílope do que Abraão.

Mas aprendi algumas coisas sobre andar pela fé: nós raramente saberemos o resultado antes de darmos o salto; raramente saberemos o destino antes de começarmos a andar; raramente veremos o milagre antes de construirmos o barco, de nos oferecermos para orar ou de começarmos a compartilhar nossos pães e peixes.

Somos chamados para ser sal, luz e amor no mundo. Somos chamados para sonhar, ouvir, liderar e guiar. Tudo isso requer que saltemos bravamente quando Ele nos chamar.

> Ora, a fé é a certeza daquilo que esperamos
> e a prova das coisas que não vemos.
>
> **HEBREUS 11:1**

Quando foi a última vez que Deus o chamou
para dar um salto de fé?
Atrás de que barreira você está se escondendo?

Se temos que seguir *Aquele* que nos chama a ser **SAL, LUZ** e **AMOR** para o mundo, **AQUELE** que nos chama a **SONHAR, OUVIR, LIDERAR** e **GUIAR,** logo seremos chamados para saltar do conforto de nossa vida para lugares arriscados, desconhecidos.

SheridanVoysey.com/Resilient

CHAMADOS PARA TRAZER O QUE TEMOS

Perguntou ele: "Quantos pães vocês têm? Verifiquem".
Quando ficaram sabendo, disseram: "Cinco pães e dois peixes".

MARCOS 6:38

A safra do agricultor é provisão de Deus (Dt 16:15), porém o agricultor tem de colher. Cada criança que nasce é um presente de Deus (Gn 33:5), porém nenhuma gravidez acontece sem a união de um esposo com sua esposa. As guerras de Israel eram ganhas por Deus (Js 10:42), mas Israel tinha que lutar. No trabalho, na procriação e nas batalhas da vida, Deus trabalha conosco, numa parceria divina-humana. E o mesmo é verdade com relação ao nosso chamado. Não trabalhamos sozinhos, nem Deus. Nós trazemos o que temos, e Ele o abençoa.

Esse princípio é retratado vividamente na história dos pães e peixes. Quando Jesus descobre que há uma enorme multidão em Betsaida, surge uma questão prática sobre provisionamento. Os discípulos cansados, trazidos originalmente até ali para descansar, entram em pânico quando Jesus lhes diz que alimentem a multidão. Eles tinham somente um pouco de pão e uns peixes, mas Jesus toma o que eles possuíam e, milagrosamente, alimenta aquela multidão do tamanho de um estádio.

Agora, note algumas coisas nessa história:

- Quem deve alimentar a multidão? Os discípulos. Jesus não diz "eu os alimentarei", mas "deem-lhes vocês algo para comer" (Mc 6:37).
- A comida de quem deve ser usada? A dos discípulos. Jesus não faz peixe e pão caírem do céu, mas toma e usa o que eles têm.
- E quem tem que organizar as pessoas, distribuir a comida e limpar depois? Os discípulos (6:39,41,43).
- Mas quem faz o milagre? Jesus o faz. Ele dirige o evento todo. Ele é quem abençoa o pão e o peixe e provê um suprimento interminável para os discípulos distribuírem (6:41).

Jesus poderia fazer a colheita em um campo, criar uma criança ou ganhar uma batalha sem o envolvimento humano. Mas, em geral, Ele faz Seu trabalho — até mesmo Seu trabalho milagroso — através de ações de pessoas comuns como você e eu. Uma multidão é alimentada quando os discípulos distribuem o pão. Uma igreja nasce quando Pedro se levanta para falar (At 2:36-41). Ananias ora e Paulo recobra sua visão (9:17-18). Filipe responde perguntas e um eunuco descobre Cristo (8:26-39). Não trabalhamos sozinhos, mas numa parceria divina-humana. E a maneira como Jesus trabalha é pegando o pouco que temos e abençoando isso. Então, traga-lhe seus "pães e peixes" — entregue-lhe a medida que for de dons, talentos e habilidades, qualquer doação de tempo, riquezas e energia que tenha recebido, finanças, posses e sabedoria que tenha adquirido — e veja Jesus multiplicando-os milagrosamente.

> Assim Davi venceu o filisteu com uma atiradeira e uma pedra; sem espada na mão ele derrubou o filisteu e o matou.
>
> 1 SAMUEL 17:50

Você alguma vez achou que seus dons, talentos e recursos eram pouco para Deus usar?
Você tem oferecido tudo o que você tem para Deus?

UM CHAMADO ELEVADO

Mas se o sal perder o seu sabor, como restaurá-lo? Não servirá para nada, exceto para ser jogado fora e pisado pelos homens. Ninguém acende uma candeia e a coloca debaixo de uma vasilha... Todo aquele que desobedecer a um desses mandamentos, ainda que dos menores, e ensinar os outros a fazerem o mesmo, será chamado menor no Reino dos céus.

MATEUS 5:13,15,19

Toda a história pode ser reunida em uma grande crônica. Essa crônica começa com Deus, que cria o mundo repleto de criaturas, flores, cores e luz, com os humanos que são Sua imagem e Seus companheiros de trabalho (Gn 1-2). Ela continua com uma grande rebelião que libera o mal e a desordem no mundo (Gn 3), para a qual Deus lança uma missão de recuperação, chamando a nação de Israel para ser Sua luz-guia (12:1-3; Is 9:1-2). A crônica atinge seu ápice quando o próprio Deus visita a Terra, aceitando nossa zombaria e Sua própria crucificação, e depois ressurge oferecendo perdão e uma nova vida (2 Co 5:17-19). E termina com a restauração completa — num novo mundo de anseios realizados, feridas curadas, beleza radiante e harmonia restaurada (Ap 21-22).

Seguir Jesus é estar envolvido nesse grande drama de Deus reconciliando o mundo consigo mesmo. Ele nos escreveu no Seu script e nos chamou para Seu elenco. Não apenas nos chamou, mas nos capacitou, dotou, posicionou, conclamando-nos para saltar bravamente em cada cena e sentarmo-nos ao piano que nunca soubemos que podíamos tocar. Realçando o que é bom e detendo o mal, amando Deus acima de tudo e amando os outros como Deus amaria — ao agirmos como sal, luz e amor neste mundo, ao se desenrolarem as subtramas de filhos pródigos voltando para casa, Jesus leva essa grande crônica à sua conclusão.

O chamado é sério, as exigências são altas. Eles podem ser pobres, mansos, "pessoas pequenas", comuns, que buscam a justiça naquela encosta, mas Jesus não insulta sua inteligência, diminui sua dignidade ou os deprecia como vítimas baixando suas demandas. Ele fala com elas e conosco com uma clareza de tremer os ossos. Sal sem sabor será jogado fora (Mt 5:13), luz que não brilha não tem utilidade (5:15). Ignoremos Jesus e Seus mandamentos e seremos os menores em Seu reino (5:19). Essa é uma história muito importante para que seus personagens não representem seus papéis.

Tais palavras impactam qualquer sentimento egoísta que possamos ter sobre encontrar o chamado de nossa vida. Essa crônica é de Deus, não nossa. Nós seguimos a agenda de Jesus, não a nossa. Ele quer rendição total, compromisso absoluto. Nós nos beneficiamos, sem dúvida, mas somente quando Ele é o primeiro.

Uma variedade de vozes compete por nossa atenção a cada dia — os anunciantes, colunistas, celebridades e ativistas, sacerdotes, políticos e apresentadores da televisão a cabo, família, amigos, colegas e cônjuges e todos aqueles desejos e temores que cochicham lá no nosso íntimo. "Busque-me!" "Compre-me!" "Esse é o jeito de viver", eles dizem. Mas Aquele que ouviu atentamente e falou somente o que ouviu (Jo 14:10,24), fez somente o que lhe foi dito que fizesse (5:19), fosse qual fosse o custo (Lucas 22:42), nos chama para ouvir uma voz acima de todas as outras — a Sua.

Uma vida resiliente é aquela afinada com a voz de Jesus, que nos chama a fazer nossa parte nesse enredo.

> As minhas ovelhas ouvem a minha voz;
> eu as conheço, e elas me seguem.
>
> JOÃO 10:27

Que voz mais influencia suas decisões?
A agenda de Jesus é sua?

PARTE 3
Seus Relacionamentos

"Podemos nos tornar luz, sal e fermento para nossos irmãos e irmãs na família humana? Podemos oferecer esperança, coragem e confiança às pessoas desta era? Ousamos romper nosso medo paralisante? As pessoas serão capazes de dizer de nós: 'Veja como eles amavam uns aos outros, como eles serviam ao seu próximo e como oravam ao Senhor?'"

HENRI NOWEN[18]

Pois eu lhes digo que se a justiça de vocês não for muito
superior à dos fariseus e mestres da lei, de modo
nenhum entrarão no Reino dos céus.
Vocês ouviram o que foi dito aos seus antepassados: "Não
matarás", e "quem matar estará sujeito a julgamento".
Mas eu lhes digo que qualquer que se irar contra seu
irmão estará sujeito a julgamento. Também, qualquer
que disser a seu irmão: "Racá", será levado ao tribunal.
E qualquer que disser: "Louco!", corre o risco de ir para
o fogo do inferno.
Portanto, se você estiver apresentando sua oferta diante
do altar e ali se lembrar de que seu irmão tem algo
contra você,
deixe sua oferta ali, diante do altar, e vá primeiro
reconciliar-se com seu irmão; depois volte e apresente
sua oferta.
Entre em acordo depressa com seu adversário que pretende
levá-lo ao tribunal. Faça isso enquanto ainda estiver
com ele a caminho, pois, caso contrário, ele poderá
entregá-lo ao juiz, e o juiz ao guarda, e você poderá
ser jogado na prisão.
Eu lhe garanto que você não sairá de lá enquanto não
pagar o último centavo.
Vocês ouviram o que foi dito: "Não adulterarás". Mas eu
lhes digo: qualquer que olhar para uma mulher para
desejá-la, já cometeu adultério com ela no seu coração.
Se o seu olho direito o fizer pecar, arranque-o e
lance-o fora. É melhor perder uma parte do seu corpo
do que ser todo ele lançado no inferno. E se a sua mão
direita o fizer pecar, corte-a e lance-a fora. É melhor
perder uma parte do seu corpo do que ir todo ele para
o inferno.
Foi dito: "Aquele que se divorciar de sua mulher deverá
dar-lhe certidão de divórcio". Mas eu lhes digo que
todo aquele que se divorciar de sua mulher, exceto
por imoralidade sexual, faz que ela se torne adúltera,

e quem se casar com a mulher divorciada estará cometendo adultério.

Vocês também ouviram o que foi dito aos seus antepassados: "Não jure falsamente, mas cumpra os juramentos que você fez diante do Senhor". Mas eu lhes digo: Não jurem de forma alguma: nem pelo céu, porque é o trono de Deus; nem pela terra, porque é o estrado de seus pés; nem por Jerusalém, porque é a cidade do grande Rei. E não jure pela sua cabeça, pois você não pode tornar branco ou preto nem um fio de cabelo.

Seja o seu "sim", "sim", e o seu "não", "não"'; o que passar disso vem do Maligno.

Vocês ouviram o que foi dito: "Olho por olho e dente por dente".

Mas eu lhes digo: Não resistam ao perverso. Se alguém o ferir na face direita, ofereça-lhe também a outra. E se alguém quiser processá-lo e tirar-lhe a túnica, deixe que leve também a capa. Se alguém o forçar a caminhar com ele uma milha, vá com ele duas.

Dê a quem lhe pede, e não volte as costas àquele que deseja pedir-lhe algo emprestado.

Vocês ouviram o que foi dito: "Ame o seu próximo e odeie o seu inimigo". Mas eu lhes digo: Amem os seus inimigos e orem por aqueles que os perseguem, para que vocês venham a ser filhos de seu Pai que está nos céus. Porque ele faz raiar o seu sol sobre maus e bons e derrama chuva sobre justos e injustos.

Se vocês amarem aqueles que os amam, que recompensa receberão? Até os publicanos fazem isso!

E se vocês saudarem apenas os seus irmãos, o que estarão fazendo de mais? Até os pagãos fazem isso!

Portanto, sejam perfeitos como perfeito é o Pai celestial de vocês. —Mateus 5:20-48

CORAÇÕES SANTOS

Pois eu lhes digo que se a justiça de vocês
não for muito superior à dos fariseus e mestres da lei,
de modo nenhum entrarão no Reino dos céus.

MATEUS 5:20

Lá no seu íntimo há um lugar santo — o lugar dos seus desejos mais profundos e do seu verdadeiro eu; um lugar onde Deus vem habitar e falar. Esse lugar é mais profundo que suas emoções, embora afete o que você sinta; é mais profundo que seus pensamentos, embora molde suas ideias e seu falar. É o lugar onde as crenças residem e de onde as ações brotam. É o centro da sua existência.

Algumas pessoas o chamam de alma, outros de ego. Jesus o chama de coração, enquanto está assentado na encosta olhando para baixo, para as planícies gramadas até a direção do mar da Galileia, e examinando o povo que se reunia diante de si — pais, mães, irmãs, irmãos, colegas e amigos, numa rede de relacionamentos—, Ele os relembra, com palavras bem fortes, da importância do coração.

Os líderes religiosos nos dias de Jesus, os fariseus, eram peritos em boas obras. Eles calcularam os 613 mandamentos dentro da lei judaica e aspiravam a obedecer a todos. Mas, para muitos deles, sua experiência é na conformidade externa em vez da pureza de coração. Eles não matam, mas odeiam (Mt 5:21-22; 43-44). Não cometem adultério, mas cobiçam (5:27-28). Eles dão aos pobres, mas o fazem para parecerem bons (6:1-2). Fazem as coisas certas, mas partindo de seu coração mau, e Jesus chama Seu povo para um padrão mais alto que esse (5:20). As obras importam, mas os motivos importam mais.

Devemos amar a Deus de todo o nosso coração. As palavras de Deus devem tocar fundo nos nosso coração (Lc 8:15). Nossos tesouros revelam o estado do nosso coração (Mt 6:21). Uma pessoa boa produz coisas boas, que brotam de seu coração (12:35). As palavras de nossos lábios refletem o que está em nosso coração (15:18-19).

Coração, coração, coração.
Para Jesus, o coração é tudo.
E isso será aparente em tudo o que Ele diz a seguir sobre ira, cobiça e seu potencial destrutivo em suas amizades, casamentos e comunidades. Devemos ser pessoas íntegras, Ele diz, tendo congruência entre os motivos e as ações.
Isso pede uma reflexão cuidadosa de você e de mim, pois nós também podemos ser como aqueles que Jesus criticou. Em vez de servir aos outros voluntariamente, podemos ajudar para conseguir alguma coisa em troca. Podemos nos opor a decisões políticas imorais por ódio e não por amor. Podemos doar para a caridade somente para melhorar nossa imagem pública. Como T. S. Eliot disse, a maior traição é fazer a coisa certa pela razão errada. Mas tenha o coração certo e as coisas boas virão.

> Acima de tudo, guarde o seu coração,
> pois dele depende toda a sua vida.
>
> **PROVÉRBIOS 4:23**

> Como está o seu coração?
> Em qual área você é mais tentado
> a fazer o certo pela razão errada?

PALAVRAS SANTAS

Mas eu lhes digo que qualquer que se irar
contra seu irmão estará sujeito a julgamento.

MATEUS 5:22

Há alguns anos, experimentei um conflito longo e difícil com um colega de trabalho. "Eu me incomodo em dizer isto", confessei a um amigo, "mas às vezes eu gostaria que essa pessoa tivesse morrido". Fiquei tão atormentado, que sonhei com a extinção do meu colega. Meu ódio, por ter sido enganado, tornou-se uma indignação do mais alto grau.

Na melhor hipótese, o ódio surge da injustiça, na pior, ele se torna assassino em sua intenção. Além de querer ver uma coisa errada ser consertada, descobrimo-nos querendo que a pessoa seja destruída, mesmo que seja só através de nossas palavras.

Para os líderes religiosos dos dias de Jesus, que seguiram somente a letra dos Dez Mandamentos (neste caso, Êx 20:13), nenhum pecado é cometido quando se tem ódio, a menos que o resultado dele seja um assassinato de fato. No entanto, Jesus nunca olha somente para a ação, mas o coração por trás dela. Investigue o movimento do punho (num soco), o chute da bota, o corte da faca ou a colocação de uma bomba até a sua raiz e você vai encontrar ódio. Investigue o ódio mais para trás ainda e você encontrará a semente da ira inflamada. Jesus diz, em Seu Sermão, que isso é tão ruim quanto o assassinato (Mt 5:22).

O primeiro sinal de que o nosso ódio está se tornando assassino é quando começamos a menosprezar aqueles com quem temos problemas. Jesus usa duas palavras populares em Sua época para revelar o espírito perverso. *Racá*, uma palavra aramaica usada para insultar a inteligência de alguém. Um equivalente moderno poderia ser "idiota". E *more*, palavra grega para "tolo", era um insulto ao caráter de alguém. Imagine os dois piores xingamentos que você consegue lembrar aplicados com zombaria a outra pessoa. Consegue sentir como essas palavras são assassinas? Tal desprezo desumaniza as pessoas, declara-as sem valor e busca sua destruição. Jesus adverte que o uso de tal linguagem incorrerá no mais severo julgamento.

Vemos a verdade das palavras de Jesus por todos os lados — no pátio das escolas, onde xingamentos cruéis deixam marcas profundas; nas quadras de esportes, onde jogadores lançam calúnias raciais; em casa, onde pais abusivos depreciam verbalmente seus filhos; no palco do mundo, onde países bélicos trocam insultos por bombas. Durante o horror do genocídio de Ruanda, em 1994, líderes fanáticos instigaram os Hutus a chamarem seus inimigos Tutsi de "baratas". Seja *"racá"*, "idiota", "tolo" ou "barata", os seguidores de Jesus não devem usar tais palavras.

Todos os seres humanos — inclusive nossos inimigos — são feitos à imagem de Deus e temos que amá-los, até os nossos inimigos (Mt 5:44). Às vezes, a raiva pode ser uma reação natural quando alguém faz algo errado, mas ela não pode nos controlar (Ef 4:26). Teremos discordâncias, pessoas nos machucarão, mas buscaremos a reconciliação e o perdão com elas em vez de xingá-las ou menosprezá-las.

Um coração que sussurra "assassinato" ainda não segue o Mestre.

> Livrem-se de toda amargura, indignação e ira, gritaria e calúnia,
> bem como de toda maldade. Sejam bondosos
> e compassivos uns para com os outros, perdoando-se mutuamente,
> assim como Deus perdoou vocês em Cristo.
>
> **EFÉSIOS 4:31-32**

Você tende a xingar ou menosprezar pessoas?
Você precisa se desculpar com alguém?

RECONCILIAÇÃO SANTA

> Portanto, se você estiver apresentando sua oferta diante do altar e ali se lembrar de que seu irmão tem algo contra você, deixe sua oferta ali, diante do altar, e vá primeiro reconciliar-se com seu irmão; depois volte e apresente sua oferta.
>
> MATEUS 5:23-24

Eles sentaram-se lado a lado num tapete de palha — ele com calça bege e uma camisa branca e roxa, ela com uma sandália de listras laranja e um vestido azul e amarelo. Eles se encostaram num muro de barro de uma casa em Ruanda, perto um do outro. "Eu participei do assassinato do filho desta mulher", diz François, um de milhares de homens Hutu que perpetraram crimes contra os Tutsis durante o genocídio de 1994, em Ruanda. "Ele matou meu filho", diz Epiphanie, "e depois veio pedir perdão."[19]

No genocídio de Ruanda, o poder das palavras assassinas teve pleno efeito. Enquanto os Tutsi tiveram sua parte nas mortes, foi a maioria Hutu que matou mais, buscando eliminar seus inimigos aos quais chamavam "baratas". Com cerca de um milhão de mortes e milhares de estupros, os resultados foram cataclísmicos. Assim se sentia Epiphanie, que agora se senta com o assassino de seu filho. Como isso pode acontecer? Através da reconciliação — do tipo que Jesus descreve em Seu Sermão.

Essa é uma linha comum no tecido dos ensinamentos de Jesus. Ele abençoa os pacificadores (Mt 5:9), ensina a não retaliação nos conflitos (5:38-42) e nos chama a perdoar aqueles que nos fizeram mal (6:12-15). Jesus quer reconciliação em todos os nossos relacionamentos. E, nesta altura do Seu Sermão, Ele nos diz como responder quando somos a parte ofendida.

Jesus nos dá dois exemplos práticos onde o conflito naturalmente surgirá: na igreja e na sociedade. Se na igreja nos lembramos que ofendemos alguém, devemos pedir que a pessoa nos perdoe antes de seguirmos com nossos atos religiosos (5:23-24). E se surgir uma disputa com um vizinho, devemos buscar a reconciliação antes que ele leve a questão para o tribunal (5:25-26). Essa instrução de Jesus se aplica a todos os nossos relacionamentos. Quando somos aquele que ofende, devemos admitir nossa culpa, lidar com o problema, resolvermos as questões antes que elas se intensifiquem — ou seja, reconciliarmo-nos. Jesus nunca disse que seria fácil. Não tem sido em Ruanda, onde a reconciliação tem requerido tempo, treinamento, mediação e muita, muita oração. Mas, se Epiphanie e François podem agora compartilhar um tapete de palha depois dos horrores do genocídio, não pode aquele sopro de esperança entrar em sua família ferida, igreja e relacionamentos no trabalho?

"Nós compartilhamos tudo agora", François diz com relação à Epiphanie. "Se ela precisa de água, eu vou buscar para ela. Não há desconfiança entre nós, seja sob o sol ou durante a noite." Como diz Epiphanie: "Antes, quando eu ainda não lhe dera o perdão, [François] não podia chegar perto de mim. Eu o tratava como meu inimigo. Mas agora prefiro tratá-lo como um filho meu".

A reconciliação pode transformar inimigos em filhos!

Façam todo o possível para viver em paz com todos.

ROMANOS 12:18

Você já viu Deus reconciliar seus relacionamentos?
Há alguém com quem você precisa se reconciliar?

ANSEIO SANTO

Criou Deus o homem à sua imagem,
à imagem de Deus o criou; homem e mulher os criou.

GÊNESIS 1:27

Os seres humanos são misteriosamente criados para os relacionamentos. Isole alguém em um quarto, e, com o tempo, ele ficará estressado e confuso, seu sono será perturbado. A função do cérebro e a inteligência ficarão prejudicados e sua empatia diminuirá. A pessoa persistentemente isolada ficará doente com mais frequência e terá um risco maior de ataque do coração. De fato, seus genes começarão a enfraquecer — um pesquisador liga a solidão crônica com "envelhecimento prematuro".[20] A conexão social é uma parte fundamental dos seres humanos. Assim como as flores sem a luz do sol, nós murchamos sem os outros.

Mas por que somos tão relacionais? Por que comida, água e abrigo não são suficientes para nos manter saudáveis? Os cristãos creem num Deus misterioso. As Escrituras enfatizam que há somente um Deus (Dt 6:4), mas também revela que esse Deus é uma comunidade de três pessoas — Pai, Filho e Espírito. Vemos os três membros presentes no batismo de Jesus (Mt 3:16-17); devemos ser batizados em nome dos três (28:19); olhando para trás, podemos até ver os três presentes na criação do mundo — o Pai dirigindo o processo (Gn 1:1), o Espírito pairando sobre as águas (1:2) e o Filho como a Palavra de Deus que trouxe o mundo à existência (Gn 1:3-24; Jo 1:1-4).

Se o próprio Deus é uma comunidade, dá para ficar surpreso quando o Ele cria os humanos à Sua imagem e como seres relacionais? Uma unidade, macho e fêmea, resulta numa família (Gn 1:28); os irmãos nascidos se tornam apoio na adversidade (Pv 17:17); os amigos se tornam aqueles que nos afiam moralmente (27:6,17). Na origem e funcionalmente, somos relacionais no cerne.

Não há dúvida de que é por isso que Jesus enfatiza tanto os relacionamentos no Sermão do Monte e nas poderosas forças que os separam:

palavras de ódio, conflitos não resolvidos, lascívia e divórcio, promessas quebradas, retaliações intermináveis e julgamento hipócrita. Essas coisas causam isolamento, que vai contra a natureza de Deus, de quem somos imagem.

C. S. Lewis descreveu vividamente o inferno como um universo sempre em expansão cheio de casas vazias, de pessoas se separando cada vez mais umas das outras porque brigam perpetuamente.[21] O Céu, em contraste, é a imagem de um lugar de harmonia — viveremos juntos sem lágrimas ou tristezas porque as forças de rompimento dos relacionamentos não existirão mais (Ap 21:3-4).

O Céu não está aqui ainda, então podemos esperar alguma tensão entre nós, mas devemos orar para que o Céu invada a Terra agora e viveremos tendo um vislumbre da comunidade celestial (Mt 6:10). Aceitação, paciência e perdão serão necessários.

Ansiamos por esse tipo de comunidade e o mundo também. Foi para isso que fomos criados.

> Todos os que criam mantinham-se unidos
> e tinham tudo em comum. Vendendo suas propriedades e bens,
> distribuíam a cada um conforme a sua necessidade.
>
> ATOS 2:44-45

Suas amizades são profundas?
Quem você sabe que precisa de um amigo?

PENSAMENTOS SANTOS

Mas eu lhes digo: qualquer que olhar para uma mulher para
desejá-la, já cometeu adultério com ela no seu coração.

MATEUS 5:28

Em seu livro perturbador, *The Johns*, o jornalista Victor Malarek revela as motivações dos homens que contratam os serviços de prostitutas. Na maioria dos casos, a pornografia precede essa transação. Os homens assistem a pornografia, fantasiam a experiência que querem ter, então encontram uma mulher que fará o que eles desejam.

Há dois mil anos, Jesus revelou o padrão que Malarek descobriu. Em Seu Sermão, Jesus diz que as ações vêm depois dos pensamentos luxuriosos (Mt 5:28). E com Sua ênfase no coração, isso quer dizer que não somente "os johns" não alcançam esse padrão.

Não é errado ser sexualmente atraído por uma pessoa. Pensar sobre sexo não é pecado, nem ter sentimentos sexuais (como Hb 4:15 afirma, a tentação não é pecado). Deus nos fez seres sexuais que desejam intimidade sexual. O que Jesus condena aqui é a lascívia ilícita — propositalmente buscar outra pessoa, que não o seu cônjuge, para estimular e entreter seu desejo sexual.

Já exploramos a religião somente de obras praticada pelos legalistas dos dias de Jesus. Na mente deles, as fantasias podiam correr soltas, desde que o adultério físico não acontecesse. Mas Jesus ensina a religião do coração. O adultério começa com a fantasia, fazendo dela um pecado em si. Um olhar luxurioso, sem que haja toque, ainda pode fazer uma mulher se sentir um objeto e causar efeitos perniciosos no relacionamento atual de um homem ou em relacionamentos futuros. A mulher também não está imune à luxúria (Pv 30:20).

O remédio de Jesus para pensamentos lascivos é tanto radical quanto prático. O coração segue os olhos (Jó 31:7), então se seus olhos o estão levando para o pecado, fique cego (Mt 5:29)! Ele está usando uma hipérbole para dizer: "Feche os seus olhos. Desvie-os. Leve-os para outro lugar antes que seu coração os siga para onde eles querem levá-lo". Renuncie aos prazeres ilícitos da vida pelo bem do próximo, seja evitando canções explícitas, livros, programa de TV ou filmes populares, ou saindo da Internet quando você estiver mais vulnerável.

Na era online, desviar os olhos é mais difícil agora do que antes. De acordo com pesquisas, a maioria das crianças terão visto pornografia aos 12 anos, por causa da fácil disponibilidade. Os efeitos são devastadores, levando ao vício, problemas de imagem corporal, tráfico humano e a destruição de relacionamentos.[22] Todavia nunca houve tanta ajuda disponível para evitar cair nesta armadilha.[23] Talvez nossa jornada através do Sermão já tenha revelado o mais poderoso antídoto: a comunidade. O pecado sexual isola, mas a confissão e a prestação de contas podem nos trazer de volta à luz (Tg 5:16).

Seja você homem ou mulher, casado/a ou solteiro/a, todos nós somos chamados a cultivar pensamentos santos, puros. Esse é um mandato de Jesus que eu constantemente estou verificando em minha vida. E Ele está sempre me relembrando de que é uma questão do coração: nós temos que tratar os outros como pessoas de valor, não como objetos a serem usados.

> Fiz acordo com os meus olhos
> de não olhar com cobiça para as moças.
>
> JÓ 31:1

> Em que situações seus olhos tendem
> a levar seu coração por um caminho mau?
> Você se veste, fala ou age de maneira sedutora?

COMPROMISSO SANTO

> Mas eu lhes digo que todo aquele que se divorciar de sua mulher, exceto por imoralidade sexual, faz que ela se torne adúltera.
>
> MATEUS 5:32

Há alguns anos, eu tinha o hábito de nadar três ou quatro manhãs por semana na piscina pública local. A maioria dos nadadores que vinham cedo de manhã eram os idosos. Eu nunca me esquecerei de uma senhorinha simpática que me dava um sorriso de dentadura alvíssima antes de nadar as seis piscinas dela sem parar. Eu mal conseguia fazer quatro!

Frequentemente presenciei o ritual matinal de um casal em particular, provavelmente na casa dos oitenta. A senhora já estava na água na hora que eu chegava — na raia lenta, batendo cuidadosamente as pernas enquanto se debruçava numa prancha. Depois ela dava algumas voltas andando na piscina. Enquanto essa rotina estava em progresso, seu esposo se sentava numa cadeira próxima ao local. Ele não lia o jornal ou escutava o rádio, ficava apenas olhando para ela. Finalmente, quando ela completava sua última volta, o marido se levantava da cadeira e mancava até o lado da piscina, segurando uma toalha e uma bengala. Um elevador elétrico a tirava da água, então os dois mancavam até o vestiário juntos. Ela se apoiava sobre o braço dele, enquanto ele andava com as pernas arqueadas ao lado dela.

Para esse casal, toda a beleza e vigor haviam ido embora. Agora, possuíam artrite, problemas de coluna, visão diminuída — e um ao outro. Você já se perguntou por que um compromisso como o deles nos toca profundamente? É porque os humanos são criados à imagem de um Pai que faz compromissos e que mantém Suas promessas, "do qual recebe o nome toda a família nos céus e na terra" (Ef 3:15). O casamento foi planejado para refletir o compromisso de Deus conosco (Sl 105:8). Não é de se admirar que Jesus diga palavras tão duras sobre o divórcio.

O divórcio era um assunto "acalorado" na época da Jesus, com dois proeminentes rabinos travando um debate público sobre a interpretação de um verso bíblico: Dt 24:1. O rabino Shammai dizia que esse versículo permite o divórcio somente quando envolvia imoralidade sexual. O rabino Hilel afirmava que ele permite o divórcio por qualquer razão, até a perda da beleza da mulher, se ela não cozinhasse bem ou se seu marido tivesse se cansado dela.[24] O argumento de Hilel tornou-se popular entre o povo — o divórcio é relativamente aceitável e requer somente que se faça um certificado para efetivá-lo.

Um pedaço de papel é tudo que precisa? Basta fazer um documento e o casamento está acabado? É essa lassidão com relação ao divórcio que Jesus aponta em Seu Sermão. O casamento faz de duas pessoas uma — no corpo, na alma e aos olhos de Deus —, e você não pode acabar com um casamento com uma canetada (Mt 19:6). No que parece concordar com Shammai, Jesus diz que o único fundamento para o divórcio é a infidelidade conjugal (5:32), mas Ele deixa claro que ninguém deve ficar procurando por fundamentos. O casamento é um compromisso para a vida entre um homem e uma mulher. Outra coisa qualquer, Ele diz que está errada.

Se você passou pelo divórcio, tendo perdido seu casamento ou viu seus pais perderem o deles, ou assistiu com desespero acontecer com seus amigos — nada disso vai surpreendê-lo. O casamento une as pessoas, o divórcio separa-as dolorosamente: o casal envolvido, seus filhos, seus amigos e a família estendida. Jesus resgata o casamento numa cultura inclinada a diminuí-lo, chamando-nos a casamentos para toda a vida, exclusivos e comprometidos, como aquele casal idoso que se apoiava um no outro até os vestiários, como Deus, que se compromete conosco até o fim.

> Ele se lembra para sempre da sua aliança,
> por mil gerações, da palavra que ordenou.
>
> SALMO 105:8

Como você se sente com o ensinamento de Jesus sobre o casamento? Como o compromisso de Deus conosco pode fortalecer o nosso compromisso um com o outro?

CELIBATO SANTO

Alguns são eunucos porque nasceram assim;
outros foram feitos assim pelos homens;
outros ainda se fizeram eunucos por causa do Reino
dos céus. Quem puder aceitar isso, aceite.

MATEUS 19:12

Lembro-me de conversar com um colega sobre a questão do celibato. "Bem, este sou eu", John disse, baixando sua voz. "Quarenta e dois anos e ainda virgem." Havia um tom de vergonha em suas palavras. Certa vez, hospedei-me num bonito e antigo hotel com cortinas clássicas e escadarias imensas. Na hora do desjejum, os hóspedes eram designados a sentarem-se em mesas grandes, e acabei me sentando com um garota de uns trinta anos. "Isto é um presente de aniversário", Amy disse referindo-se a sua estadia. Eu lhe desejei um feliz aniversário e lhe perguntei se alguém estava celebrando com ela. "Não", ela disse com o rosto taciturno. "Estou aqui sozinha."

Em 2013, escrevi um livro sobre sonhos desfeitos, e, como resultado, os leitores regularmente me escrevem para compartilhar suas histórias. Eles me contam de sonhos em relação à carreira que nunca aconteceram, ou da esperança frustrada de ter filhos. Muitos compartilham o desejo de se casar, mas permanecem solteiros e se sentem deslocados num mundo de casais.

Jesus fala sobre o casamento em Seu Sermão e o faz como um homem de 30 anos, solteiro, que sem dúvida sentia a pressão de Sua cultura para casar-se. "Um homem que não tem uma esposa, não é um homem respeitável", escreveu o rabino Eleazar. "Aquele que tem 20 anos de idade e não é casado passa todos os seus dias em pecado", afirmava o rabino Huna no Talmud.[25] Casamento e filhos era um passo esperado no caminho de cada judeu. Porém, o ensino de Jesus, naquelas encostas da Galileia, passa por uma estrada bem diferente. Ele não se casaria, nunca experimentaria o prazer sexual e morreria sem deixar um herdeiro. E nesse processo, Ele redefiniria o celibato ou a solteirice para sempre.

Por meio de Sua vida e ensinamentos, Jesus elevou o celibato a um novo patamar. Ficar solteiro não é uma maldição digna de pena ou uma condição para ser curada, mas um status santificado. Quando Deus visitou a Terra, Ele veio como um homem solteiro. Só isso já abençoa o celibato com dignidade divina.

Mas Jesus vai além, apresentando o celibato como uma escolha vocacional viável "por causa do Reino dos céus" (Mt 19:12). Paulo segue o exemplo, elevando o celibato a um "dom" — ele deseja que outros escolham o celibato por causa da oportunidade sem paralelo para dedicar-se a Deus (1 Co 7:7,32-35). São Tomás de Aquino descreveu o celibato como "espaço para Deus" — um estado de estar livre, aberto e disponível para o serviço de Deus.[26] Henri Nowen diz que os solteiros celibatários podem desempenhar um papel profético na sociedade. Como nenhum ser humano pode nos completar, o estar solteiro, focado em Deus, pode relembrar o mundo que o "relacionamento com Deus é o princípio, a fonte e a meta de todos os relacionamentos humanos."[27]

Jesus afirma a importância do casamento em Seu Sermão, mas Ele não o idolatra. O casamento não é a cura para toda solidão, estar solteiro não é um vale a ser suportado até que o pináculo do casamento seja alcançado. O celibato pode ser um chamado, um dom e um testemunho poderoso para o mundo.

Então, erga a sua voz, John.

Amy, levante a sua cabeça.

Seu Senhor solteiro tem planos para você!

> Gostaria que todos os homens fossem como eu;
> mas cada um tem o seu próprio dom
> da parte de Deus; um de um modo, outro de outro.
>
> 1 CORINTIOS 7:7

Como Deus o está chamando a ser fiel no seu status atual?
Se você gostaria de estar casado, mas não está,
você pode dedicar sua "solteirice" para o serviço de Deus?

Por meio de Sua vida e ensinamentos,
Jesus eleva o **CELIBATO** a um novo patamar.
Ficar solteiro **NÃO É UMA MALDIÇÃO** digna de pena
ou uma condição para ser curada, mas um
status **SANTIFICADO**. Quando Deus visitou a Terra,
Ele veio como um homem solteiro.
Só isso já abençoa o celibato com **DIGNIDADE DIVINA**.
O **CELIBATO** pode ser um **CHAMADO**,
um **DOM** e um *testemunho*
poderoso para o mundo.

SheridanVoysey.com/Resilient

FIDELIDADE SANTA

Se alguém vem a mim e não aborrece a seu pai, e mãe, e mulher, e filhos, e irmãos, e irmãs e ainda a sua própria vida, não pode ser meu discípulo. (ARA)

LUCAS 14:26

Fui convidado para um programa de rádio no qual eu conversaria com uma mulher que se dizia uma ex-cristã. Rebeka fora criada como cristã, fez faculdade cristã e participou de viagens missionárias. Mas, depois de se encher de dúvidas e uma série de acontecimentos da vida, ela abandonou a fé. Hoje ela é um membro ativo da comunidade ateísta de sua cidade.

"Como Jesus a desapontou?", perguntei a Rebeka durante a entrevista. Parte de sua resposta foi que ela começou a questionar a santidade do homem Jesus. Ela citou o versículo acima, Lucas 14:26, como exemplo.

E, numa leitura superficial, por que ela não o usaria? Que tipo de homem santo diria para as pessoas desagradarem ou não amarem seus pais, irmãos, cônjuges, até seus filhos? Em algumas traduções aparece a palavra "odiar", que deixa a situação ainda mais complicada. Nós questionaríamos a santidade de qualquer líder religioso que sugerisse tal coisa hoje.

Mas pondere isto: o mesmo homem que diz essas palavras também ensina o amor ao próximo e até ao inimigo (Mt 22:37-40, 5:44). Ele ama as crianças, elevando seu status na sociedade a qual acredita que elas devem ser vistas, mas não ouvidas (Mc 10:13-16). Nos momentos que precedem Sua morte, Ele se assegura de que Sua mãe será cuidada depois que Ele partir (Jo 19:26-27). Se Jesus era um homem com ódio, Ele não era muito bom em odiar.

Não, quando Jesus fala "aborrecer" seus familiares, deve ser entendido da mesma maneira que o seu chamado para arrancar o olho ou cortar a mão por causa do pecado. Ele usa uma hipérbole e não espera que o tomemos literalmente, embora Sua mensagem seja séria.

Não sabemos o tamanho da multidão que estava diante de Jesus ouvindo Seu Sermão. Sabemos que eram muitos na ocasião em que Ele falou essas palavras sobre "aborrecer" os familiares (Lc 14:25). Jesus não está preocupado em atrair multidões, mas seguidores radicalmente comprometidos que lhe serão completamente fiéis. Ele estava se encaminhando para a cruz romana e avisa que Seus discípulos enfrentariam problemas também — então o melhor era eles calcularem agora o custo de segui-lo (14:27-33).

Isso é importante para nós quando buscamos viver nossos relacionamentos como Jesus deseja. Temos que amar nossos amigos e colegas, nossos pais e irmãos, irmãs, namorado, namorada, cônjuge, filhos, tios, tias e o resto de nossos familiares; mas nossa fidelidade maior é para com Jesus. Ele até definirá o que significa "família" para nós, dizendo que os laços agora incluem a fé, não somente o sangue (Mt 12:46-50).

A pergunta tanto para ateístas quanto para crentes é se a exigência radical de Jesus de colocá-lo acima de todos os outros relacionamentos é justificada. Os cristãos primitivos achavam que sim e, ao colocá-lo em primeiro lugar, eles transformaram suas famílias... e o mundo.

> O meu mandamento é este: amem-se uns aos outros
> como eu os amei. Ninguém tem maior amor
> do que aquele que dá a sua vida pelos seus amigos.
>
> JOÃO 15:12-13

> A sua fidelidade a Jesus é maior do que a sua fidelidade
> aos seus amigos, cônjuge ou família?
> Quem tem a autoridade emocional final em sua vida?

PROMESSAS SANTAS

Seja o seu "sim", "sim", e o seu "não", "não";
o que passar disso vem do Maligno.

MATEUS 5:37

Como autor, tenho assinado muitos contratos e tenho pedido que outros os assinem também. O que não gosto nos contratos são as suas inúmeras cláusulas, escritas em detalhes com jargões legais. Vivemos numa era litigiosa e já ouvimos de pessoas oportunistas, com seus advogados bem pagos, lucrando com as brechas legais de tais documentos. Por isso, nossos contratos ficam cada vez mais longos.

Certa vez, eu estava trabalhando num livro de entrevistas. O conselho jurídico tinha sido de assinar um contrato com cada entrevistado confirmando sua participação no livro. Todos o fizeram, exceto um. "Minha palavra é o meu juramento," ele me respondeu através de um e-mail, causando grande consternação para minha gestão. Contudo nós aceitamos sua palavra.

Jesus falou sobre a maneira que tratamos os nossos amigos, vizinhos e cônjuges. Agora Ele fala sobre nossas promessas, nossos juramentos, nossos votos. Os ouvintes de Jesus sabem que um voto é uma promessa feita diante de Deus, um compromisso que deve ser cumprido (Nm 30:2). No entanto, almas desonestas têm inventado maneiras engenhosas de escorregar entre as brechas de tais promessas. Para eles, tudo se resume à fórmula que você usa para fazer o seu voto. Se você jura "pelo templo de Deus", seu voto poderá ser quebrado, mas não se jurar pelo ouro do templo (Mt 23:16-17). Fazer o seu voto pela oferta que está sobre o altar o obriga a cumpri-lo, mas não se jurar só pelo altar (23:18-22). Um voto simples pode ser esquecido, mas um voto feito "diante do Senhor" deve ser mantido (5:33). Então, se escolher suas palavras cuidadosamente, você pode fazer uma promessa que na realidade não quer cumprir.

Jesus não aceitaria nada disso. De acordo com Ele, se alguém jura pelo templo, pelo altar, Céu ou Terra, não faz diferença, pois tudo isso pertence a Deus, *cada voto* é feito a Deus de qualquer jeito (5:34-35). De fato, para Jesus, *qualquer voto* é problemático. "Seja o seu 'sim', 'sim' e o seu 'não', não'". Qualquer coisa além disso é o desenvolvimento de fórmulas que permitem a quebra de promessas.

O que isso significa caso sejamos convocados ao tribunal e chamados a fazer um juramento? Alguns cristãos, através da história e atualmente, creem que devemos educadamente dizer ao juiz que declinamos. Outros dizem que Jesus não se recusou a falar quando foi chamado sob juramento diante de um juiz (Mt 26:63-64).

Seja lá como decidirmos, Jesus diz que Seu povo não precisa fazer juramentos, pois suas palavras devem ser dignas de confiança.

"Minha palavra é o meu juramento", aquele entrevistado me disse. Ele permaneceu fiel à sua palavra, e Jesus, sem dúvida, ficou satisfeito.

Os lábios que dizem a verdade permanecem para sempre,
mas a língua mentirosa dura apenas um instante.

PROVÉRBIOS 12:19

Quando você fica mais tentado
a não fazer o que disse que faria?
Há alguma coisa que você
prometeu fazer, mas ainda não fez?

RESPOSTA SANTA

Mas eu lhes digo: Não resistam ao perverso.
Se alguém o ferir na face direita, ofereça-lhe também a outra.

MATEUS 5:39

Certa noite, alguns jovens roubaram meu carro. Eles o bateram, danificando-o de tal forma que não houve conserto, e eu nunca fui compensado. Na verdade, tive que pagar para o carro ser rebocado do lugar da batida! Sempre me senti incomodado com isso. O certo seria aqueles ladrões reporem o que roubaram de mim e pagarem a conta para limpar a bagunça que fizeram.

Em termos globais, a injustiça que eu sofri foi pequena. Outros não só perderam seu carro, mas sua casa, saúde, família ou liberdade. Seja qual for o maltrato que enfrentemos, a mesma pergunta surge: Como devemos reagir?

Uma opção é vingar-se. O Antigo Testamento permitia a vingança em algum grau, autorizando a demanda de "olho por olho" e "dente por dente" para ter de volta o que foi tirado de você (Êx 21:23-25). Uma segunda opção é ceder, deixar que os autores do ato não sejam punidos.

Mas no Seu Sermão, Jesus provê uma terceira opção que é bastante engenhosa. Usando palavras surpreendentes, Jesus diz: "Não resistam ao perverso" (Mt 5:39).[28] A princípio, Sua mensagem soa autodestrutiva; cedemos e deixamos o mal vencer. Mas, por meio de uma série de exemplos, Ele explica o que quer dizer.

Nos dias de Jesus, um tapa no rosto não era tanto um ataque, mas um *insulto*; um gesto humilhante feito com o dorso da mão na face esquerda. Ser processado por sua camisa, significava que você era muito pobre para pagar suas contas, então, agora suas roupas estão lhe sendo tiradas. E carregar a trouxa de um soldado romano era uma tarefa humilhante para os judeus. Jesus usa essas experiências para descrever uma resposta à injustiça que capacita a vítima a responder sem retaliação.

Se você é insultado com um tapa, não bata de volta *ou* aceite a difamação, mas surpreenda o ofensor oferecendo a face esquerda também.

Eles não saberão o que fazer, e você mostrará que está acima de retribuir o insulto (5:39).

Se você for processado por uma pessoa gananciosa, não se vingue ou ceda; para o seu bem e o dela, exponha a ganância dela oferecendo-lhe todas as suas roupas (5:40)! E se pedirem que você carregue a trouxa de um soldado, não fique violento *nem* se sinta inferior; tome controle da situação indo mais longe do que se espera (5:41).²⁹ Jesus não está dizendo que o mal deve ser recompensado, que a autodefesa está errada ou que a injustiça deva ser tolerada. O que Ele diz é que o mal não deve ser resistido de forma igualmente perversa. Quando somos insultados, humilhados ou enfrentamos injustiça, não nos vinguemos ou cedamos, ao contrário, *sejamos criativos*. Como o apóstolo Paulo diz: "Não se deixem vencer pelo mal, mas vençam o mal com o bem" (Rm 12:21).

As palavras de Jesus são radicais. Nenhum líder religioso havia pronunciado palavras assim antes. Elas são contraintuitivas, evocando ação imaginativa e devota em relação à injustiça.

Não responda ao mal se vingando ou cedendo. Conquiste-o criativamente com o bem. Eu não tive a oportunidade de encontrar os jovens que roubaram meu carro, mas me pergunto se isso tivesse acontecido, se eu seria capaz de conversar com eles, descobrir o que os estava levando a viver vidas destrutivas e oferecer-lhes ajuda.

Não se deixem vencer pelo mal, mas vençam o mal com o bem.

ROMANOS 12:21

Há alguém maltratando você ultimamente?
Como você pode responder
criativamente no Espírito de Cristo?

GRAÇA SANTA

Mas eu lhes digo: Amem os seus inimigos
e orem por aqueles que os perseguem.

MATEUS 5:44

O que você faz quando alguém o odeia, o ataca verbalmente, manda gente incendiar sua igreja e faz ameaças à sua família pelo telefone? De acordo com Jesus, você os ama e ora por eles. "Mas isto não é prático!", nós dizemos. "Esse tipo de gente deve enfrentar a força total da lei e pagar pelo que fizeram." Possivelmente, mas amar o inimigo pode resultar numa grande vitória.

Cedo em sua carreira como líder da Ku Klux Klan, Johnny Lee Clary encontrou um homem negro com quem mais tarde ele teria muito a ver: o Reverendo Wade Watts. Clary e Watts encontraram-se pela primeira vez num debate numa estação de rádio em Oklahoma. "Olá, sr. Clary", disse o reverendo antes do debate. "Eu quero que o sr. saiba que eu o amo e Jesus o ama também."

O debate foi intenso, com Clary discutindo que os brancos e os negros deveriam ser separados, e o Reverendo Watts refutando cada argumento com versos das Escrituras. Depois, quando Clary estava saindo, o Reverendo aproximou-se dele com um bebê nos braços. "Sr. Clary, esta é a minha filha Tia", ele disse. "Você diz que odeia todos os negros, mas como pode odiar esta criança?" Clary correu para a porta, consciente de sua fraqueza. "Nada que você fizer vai me fazer odiá-lo", o Reverendo bradou. "Vou amá-lo e orar por você, sr. Clary, quer você goste ou não!"

Dali para frente, Johnny Lee Clary ficou violento. As janelas de Watts foram quebradas e estatuetas foram queimadas em seu jardim. A Klan incendiou uma das igrejas de Watts e pôs fogo em outra. Certa ocasião, Clary telefonou para Watts com uma ameaça: "Nós vamos pegar você e desta vez falamos sério". Mas o Reverendo manteve sua promessa de amar seu inimigo respondendo com um humor desarmante. "Você não tem que vir me buscar, eu encontro você. Que tal um pequeno e bom restaurante na estrada 270? Eu pago."

Mais tarde, a vida de Clary entrou em ruína. Ele saiu da Klan, clamou por Deus e se tornou um cristão. Um dia, ele ligou para o Reverendo para contar as novidades e compartilhar seu chamado para o ministério. "Você já pregou em algum lugar, filho?", o Reverendo Watts perguntou. "Que tal você me dar a honra de pregar o seu primeiro sermão em minha igreja totalmente negra?" E foi isso que aconteceu. Johnny Lee Clary pregou na mesma igreja que uma vez tentou incendiar.[30] Graça, graça, graça — aos ataques brutais de Johnny Lee Clary, o Reverendo Watts retribuiu com a graça santa e rica. Ele amou seu inimigo, orou por ele.

Poucos de nós enfrentarão oposição tão perversa como Wade Watts enfrentou. Nossos inimigos serão vizinhos egoístas, colegas desagradáveis, provocadores da internet ou aqueles que se opõem às nossas crenças políticas, morais ou religiosas. Jesus nos diz que devemos amá-los e oferece três maneiras práticas para fazê-lo: orando por eles (Mt 5:44), suprindo suas necessidades à maneira de Deus (5:45) e demonstrando-lhes bondade (5:47). Sim, pode haver razões para envolver a lei — os filhos do reverendo Watts eram escoltados até a escola pelas autoridades. Sim, mudanças legais poderiam ser exigidas — Watts era um ativista dos direitos civis. Mas, em todas as nossas interações, o amor é requerido.

Wade Watts sobreviveu aos ataques dos seus inimigos racistas; Martin Luther King Jr, não. Johnny Lee Clary mudou, outros inimigos não. Jesus nunca disse que o amor ao inimigo faria tudo dar certo. Ele nos chama a um amor tão radical que se estende até mesmo àqueles que nos perseguem.

> Abençoem aqueles que os perseguem;
> abençoem, e não os amaldiçoem.
>
> **ROMANOS 12:14**

Deus tem sido gracioso com você?
Que "inimigo" Deus deseja que você abençoe?

PROVA SANTA

Mas eu lhes digo: Amem os seus inimigos
e orem por aqueles que os perseguem, para que vocês
venham a ser filhos de seu Pai que está nos céus.

MATEUS 5:44-45

Em seu livro *The Evidence for God* (A evidência de Deus), o filósofo da Universidade Loyola, Paul Moser, oferece um caso fascinante para a existência de Deus. Seu argumento básico é assim:
Se há um Deus, esse Deus precisaria ser digno de adoração. (Nós podemos adorar deuses menores como Thor ou o dinheiro, mas isso não os faz dignos de adoração.) Para ser digno de adoração, Deus precisaria ser amoroso, até o ponto de amar mesmo os Seus inimigos. E se tal Deus existisse, Ele gostaria que Suas criaturas amassem umas às outras também, pois o amor sempre deve ser compartilhado.

Moser então pergunta se há evidências para um Deus assim na experiência humana. Como os humanos têm claramente uma inclinação egoísta, o que explica seus atos de amor para com os outros? Por que nossa consciência sente uma alfinetada quando somos egoístas? Como pessoas como Wade Watts ou Martin Luther King Jr. amaram radicalmente seus inimigos? Moser sugere que essas experiências são evidências para o Deus da fé cristã. E, acrescenta, ao respondermos ao Seu convite para um relacionamento com Ele, Deus nos transforma dando-nos Seu caráter amoroso, provando ainda mais a Sua existência.

O apóstolo João oferece um argumento similar. Ele diz que Deus é amor e que todo o amor humano se origina de Deus (1 Jo 4:7-8). O amor de Deus é demonstrado em Jesus, que amou aqueles que nunca o amaram (4:9-10). Deus quer que amemos uns aos outros como Ele nos amou (4:11). E quando amamos, Ele nos molda ao Seu caráter amoroso (4:17), revelando-se através de nossas vidas (4:12).

Em Seu Sermão, Jesus declara, muito antes do apóstolo João ou Paul Moser colocarem suas ideias no papel: "Mas eu lhes digo: Amem os seus inimigos e orem por aqueles que os perseguem, para que vocês venham a ser filhos de seu Pai que está nos céus" (Mateus 5:44-45). Jesus, João e Paul Moser têm uma mensagem consistente: Pessoas que amam seus inimigos revelam um Deus que ama os inimigos. Filhos que amam os inimigos agem como seu Pai que ama os inimigos. Esse amor radical aos inimigos prova a existência de um Deus que é amor.

> Ninguém jamais viu a Deus;
> se nos amarmos uns aos outros, Deus permanece em nós,
> e o seu amor está aperfeiçoado em nós.
>
> **1 JOÃO 4:12**

Como o amor de Deus revela a imperfeição de outras filosofias? Usando a ideia de Moser, como Jesus revela um Deus digno de adoração?

INDIFERENÇA SANTA

Se vocês amarem aqueles
que os amam, que recompensa receberão?
Até os publicanos fazem isso!

MATEUS 5:46

Há uma lei invisível que permeia o mundo e passa quase despercebida: é a lei da reciprocidade. Basicamente, reciprocidade é a noção de troca mútua ou de retorno justo. É a lei por trás dos negócios, em que uma troca justa de bens e serviços é feita entre um comprador e um vendedor; e política internacional, em que um país ajuda outro; e justiça, em que uma pessoa obtém o que ele ou ela merece, seja por restituição ou punição.

A lei da reciprocidade é encontrada na Bíblia (veja Gl 6:7). A sociedade não poderia funcionar sem ela, no entanto ela é limitada. Uma explicação simples: o que acontece quando não há benefícios mútuos? O que acontece quando um amigo ou parente não pode retribuir nosso cuidado, ou um país pobre não tem nada a oferecer a uma superpotência? O que fazermos com pessoas que contribuem pouco para a sociedade, como aqueles incapacitados por deficiências extremas ou com problemas mentais?

Às vezes, não podemos pagar nossas dívidas ou contribuir com a parte que nos cabe, por isso a Bíblia diz que a reciprocidade dever ser temperada com misericórdia (Dt 15:1-11; Mq 6:8). Mas não para aqui; além da reciprocidade ou misericórdia, a fé cristã ensina o *ágape*. Essa é a palavra grega usada para descrever o amor imerecido, sacrificial, que não impõe condições.

A natureza de Deus é o amor *ágape* (1Jo 4:8). Ele dá coisas boas aos que merecem e aos não merecedores (Mt 5:44-45). Como Ele, devemos dar sem esperar retorno (Lc 10:25-37), e Jesus descreve o amor verdadeiro como dar a sua vida em favor de outros (Jo 15:12-13). O que alguém pode ganhar depois de fazer isso?

No Seu Sermão, quando Jesus fala sobre amar nossos inimigos, é o amor *ágape* que Ele está descrevendo. Não devemos amar somente aqueles que nos amam (Mt 5:46) ou sermos bondosos com aqueles que gostam de nós (5:47), pois qualquer pessoa faz isso. O nosso tipo de amor é mais profundo.

Mais do que amar nosso cônjuge, filhos ou família, mais do que sermos bondosos para nossos amigos, vizinhos ou aqueles que olham, falam, votam ou creem como nós, Jesus diz que devemos amar aqueles com quem não temos laços de sangue, sermos gentis com aqueles com quem não temos obrigação e darmos àqueles de quem não receberemos benefícios. Quando a questão é a reciprocidade antecipada, devemos demonstrar indiferença santa.

Bons relacionamentos são intrinsicamente mútuos, e os negócios devem ser justos — a reciprocidade tem o seu lugar. Mas, nos meus momentos mais escuros, de maior fraqueza e mais infrutíferos, eu preciso do *ágape*. E com a força e o poder de Deus, eu quero demonstrar esse amor. Além dos negócios e amizades mútuas, eu quero dar sem pedir nada em troca.

> Dificilmente haverá alguém que morra por um justo;
> pelo homem bom talvez alguém tenha coragem de morrer.
> Mas Deus demonstra seu amor por nós:
> Cristo morreu em nosso favor quando ainda éramos pecadores.
>
> ROMANOS 5:7-8

Onde mais você pode ver a lei da reciprocidade acontecendo no mundo?
Com que frequência você dá sem esperar algo em troca?

Nos meus momentos mais escuros,
de maior fraqueza e mais infrutíferos,
eu preciso do *ágape*. E com a força
e o poder de Deus, eu quero **DEMONSTRAR
ESSE AMOR** sem esperar nada em troca.

SheridanVoysey.com/Resilient

PERFEIÇÃO SANTA

Portanto, sejam perfeitos como perfeito
é o Pai celestial de vocês.

MATEUS 5:48

O falecido diretor Krysztof Kieslowski estava, certa vez, entrevistando atores para um de seus filmes. Durante uma das entrevistas, uma jovem atriz descreveu-lhe como, às vezes, quando ela se sentia triste, saía pelas ruas de Paris para estar com pessoas. Kieslowski sondou um pouco mais e "desenterrou" uma história fascinante.

Seis anos antes, a atriz quase teve de um colapso emocional. Um dia, ela saiu para a rua e, poucos minutos depois, viu o famoso mímico francês Marcel Marceau, que naquele tempo já era um senhor idoso. A atriz passou perto dele, parou e virou-se para dar mais uma olhada nele. Para sua surpresa, Marceau parou e virou-se para olhar para ela também. Então ele lhe deu um grande sorriso que durou alguns segundos.

"Ele me salvou bem ali", disse a atriz. Kieslowski e a atriz ponderaram se todas as performances de Marceau se comparavam com o fato de que ele salvara uma jovem atriz com seu sorriso.[31]

Jesus resume Seu Sermão até ali dizendo que nós devemos ser perfeitos como nosso Pai celestial é perfeito (Mt 5:48). Suas palavras são impactantes; como se estabelecesse um padrão que nós não poderemos atingir ou mandando que nos tornássemos algo que não conseguimos ser. Mas, como logo Ele estará nos ensinando sobre perdão (Mt 6:12), está claro que Ele ainda não está esperando perfeição impecável de nós. Ao nos dizer que sejamos perfeitos, Ele está querendo outra coisa.

A cada dia você e eu estamos nos tornando alguém, progredindo na direção da imagem ideal de nós mesmos. Essa imagem pode ser modelada por um herói, um estilista, um anunciante, ou um amigo, mas o ideal que perseguimos determina o nosso caráter. Quando Jesus nos chama para sermos perfeitos como nosso Pai, Ele está nos dando um esboço de quem devemos nos tornar. Amigos e heróis podem nos dar um vislumbre de bondade, mas somente Deus é perfeito. A moda passa, os anunciantes se importam mais com nosso dinheiro do que com a pessoa que somos. Temos que nos tornar como nosso Pai, Ele é o nosso ideal, Seu caráter é a nossa meta. Jesus demonstra isso para nós. Quando se assenta e ensina no monte, Ele se coloca como a imagem perfeita de Deus (Hb 1:3). Quando o vemos, vemos o Pai (Jo 14:9). Em Jesus, Deus se tornou homem, a perfeição se tornou uma pessoa. Jesus nos mostra em mais detalhes como uma vida de perfeição deve ser. É amar o inimigo e entregar a vida por outros, é claro, mas também é uma multidão de pequenos atos:

- Notar uma mulher no meio da multidão que precisa de atenção (Mc 5:25-34).
- Tocar um leproso quando ninguém chega perto dele (Mt 8:1-4).
- Brincar com crianças, que os outros querem mandar embora (Mt 19:13-15).
- Ouvir os mendigos, que os outros ignoram (Mc 10:46-52).

"Portanto, sejam perfeitos como perfeito é o Pai celestial de vocês", disse Jesus. Devemos ser perfeitos no amor. Um dia isso pode demandar um custo bem maior de nós — até nossa vida. Mas, na maioria das vezes, vai demandar pequenos atos de bondade, como Deus mandando o Sol para aqueles que não o merecem, como um mímico parando para sorrir para uma triste desconhecida na rua.

> Mas, assim como é santo aquele que os chamou, sejam santos vocês também em tudo o que fizerem, pois está escrito: "Sejam santos, porque eu sou santo".
>
> 1 PEDRO 1:15-16

Quem você tenta imitar na vida?
Quem precisa do seu sorriso?

AMIGO DOS PECADORES

Veio o Filho do homem, comendo e bebendo,
e vocês dizem: "Aí está um comilão e
beberrão, amigo de publicanos e 'pecadores'".

LUCAS 7:34

Moro em Oxford, na Inglaterra. Numa pequena sala, na saída de uma capela histórica da Universidade de Oxford, está pendurada uma das mais famosas pinturas de Jesus. Pintada por Holman Hunt, *The Light of the World* (A Luz do Mundo), baseada em Apocalipse 3:20, retrata Jesus batendo numa porta de madeira, esperando para ser convidado. Ele tem a barba loura e o cabelo na altura dos ombros, olhar sereno e uma auréola. Veste uma túnica branca leve e bate gentilmente com o dorso da mão. A luz suave de uma lanterna dá à Sua face um brilho cálido.

Este é o Jesus manso e suave que o mundo veio a amar, um Jesus que começou a vida como um doce bebê dormindo calmamente em Sua manjedoura, que cresceu para se tornar um jovem mestre que perambulou pelas colinas contando histórias. Esse Jesus é o mestre do amor que aceita todos sem julgamento, um consolador das almas, um defensor da compaixão; como aparece num cartão do Hallmark, um Jesus que carrega as ovelhas em Seus braços. Gostamos desse Jesus porque Ele é simpático e seguro. O Jesus manso e suave faz algumas exigências de nós.

Por isso é compreensível se estremecermos algumas vezes durante esta parte do Sermão de Jesus. O "Jesus manso e suave" não foi nem manso, nem suave. O andarilho sobre os montes não nos contou histórias, não houve ovelhas em Seus ombros, nem tranquilizante para as almas. O Mestre do amor fez exigências. O Consolador nos alvoroçou.

Ele nos disse que o ódio é tão ruim quanto o assassinato e que praguejar e xingar pode levar alguém para o inferno; que luxúria é tão ruim quanto o adultério e que os motivos para o divórcio são praticamente nulos; que devemos oferecer o outro lado da face, andar um quilômetro extra, dar àqueles que nos roubam, orar por quem nos persegue, que juramentos são do diabo; que a perfeição é a nossa meta. Num espaço de poucos minutos, Jesus nivelou cada noção elevada que tínhamos de nós mesmos. Nenhum de nós alcançou Seu padrão de bondade. Nenhum de nós é isento de pecado.

Mas há uma coisa interessante: Jesus também é conhecido como o "amigos de pecadores" (Lc 7:34). Ele é amigo daqueles que quebram Suas leis. A ética sexual de Jesus é mais dura que a do Antigo Testamento, porém Ele é misericordioso com os divorciados e com os libertinos (Jo 4:17-18). Cristo exige retidão maior do que a da elite religiosa, porém Ele come com cobradores de impostos desonestos e com pessoas de má reputação (Lc 19:5-8; 7:36-50). Ele defende a paz e a reconciliação, porém, Seu discípulo Simão pertence a um partido político conhecido por sua violência (Lc 6:15). Ele clama por falar a verdade e evitar fazer votos, porém aceita Pedro, que mente sobre conhecê-lo e ainda faz um juramento para selar sua negação (Mt 26:72-74).

Os padrões de Jesus são mais elevados, mas Ele anda com gente que não os atingem. Rapaz, que boa notícia! Pois a maioria de nós jurou, odiou, revidou um soco e alguns de nós se divorciaram. Fizemos promessas que nunca cumprimos, talvez até mentimos sob juramento. Odiamos nossos inimigos, em vez de amarmos; desejamos a morte dos nossos perseguidores, em vez de abençoá-los. Temos sido gananciosos, irados, invejosos, egoístas; temos ficado aquém das exigências de Jesus.

Mas ainda assim Ele se aproxima de nós. Ele nos abraça e nos transforma. Sua morte não teria significado para nós se Jesus não tivesse enterrado todos os nossos pecados numa tumba na Palestina. Agora somos limpos, curados, perdoados (Rm 3:23-26).

Uma vida resiliente não é construída sobre o ódio, retaliação ou raiva, nem nesta vida, nem na próxima. Uma vida resiliente é moldada à semelhança de Jesus, e Ele viveu tudo o que pregou: nunca cobiçando com Seus olhos ou desumanizando com Suas palavras, nunca atacando ou contra-atacando, nunca fazendo uma promessa que não manteve, amando aqueles que pregaram os cravos em Suas mãos, perdoando aqueles que bateram em Sua face.

Ele não é manso e suave — Ele é santo e misericordioso. Uma vida resiliente exige ambos.

Jesus disse: "Pai, perdoa-lhes,
pois não sabem o que estão fazendo".
Então eles dividiram as roupas dele, tirando sortes.

LUCAS 23:34

Alguma vez você se atentou à misericórdia de Jesus e esqueceu de Suas exigências?
Ou concentrou-se nas exigências de Jesus e esqueceu-se de Sua misericórdia?

PARTE 4
Suas Práticas

Em nossos dias, céu e Terra estão na ponta dos pés esperando o surgimento de um povo movido pelo Espírito, intoxicado pelo Espírito, capacitado pelo Espírito. Toda a criação espera ansiosamente por um povo disciplinado, livremente congregado, mártir, um povo que conhece, nesta vida, a vida e o poder do reino de Deus.

RICHARD FOSTER[32]

Tenham o cuidado de não praticar suas 'obras de justiça' diante dos outros para serem vistos por eles. Se fizerem isso, vocês não terão nenhuma recompensa do Pai celestial.

Portanto, quando você der esmola, não anuncie isso com trombetas, como fazem os hipócritas nas sinagogas e nas ruas, a fim de serem honrados pelos outros. Eu lhes garanto que eles já receberam sua plena recompensa.

Mas quando você der esmola, que a sua mão esquerda não saiba o que está fazendo a direita, de forma que você preste a sua ajuda em segredo. E seu Pai, que vê o que é feito em segredo, o recompensará.

E quando vocês orarem, não sejam como os hipócritas. Eles gostam de ficar orando em pé nas sinagogas e nas esquinas, a fim de serem vistos pelos outros. Eu lhes asseguro que eles já receberam sua plena recompensa.

Mas quando você orar, vá para seu quarto, feche a porta e ore a seu Pai, que está no secreto. Então seu Pai, que vê no secreto, o recompensará. E quando orarem, não fiquem sempre repetindo a mesma coisa, como fazem os pagãos. Eles pensam que por muito falarem serão ouvidos. Não sejam iguais a eles, porque o seu Pai sabe do que vocês precisam, antes mesmo de o pedirem.

Vocês, orem assim:

"Pai nosso, que estás nos céus! Santificado seja o teu nome.

Venha o teu Reino; seja feita a tua vontade, assim na terra como no céu.

Dá-nos hoje o nosso pão de cada dia.

Perdoa as nossas dívidas, assim como perdoamos aos nossos devedores.

E não nos deixes cair em tentação, mas livra-nos do mal, porque teu é o Reino, o poder e a glória para sempre. Amém".

Pois se perdoarem as ofensas uns dos outros, o Pai celestial também lhes perdoará. Mas se não perdoarem uns aos outros, o Pai celestial não lhes perdoará as ofensas.

Quando jejuarem, não mostrem uma aparência triste
como os hipócritas, pois eles mudam a aparência do
rosto a fim de que os homens vejam que eles estão
jejuando. Eu lhes digo verdadeiramente que eles já
receberam sua plena recompensa. Ao jejuar, ponha
óleo sobre a cabeça e lave o rosto, para que não pareça
aos outros que você está jejuando, mas apenas a seu
Pai, que vê no secreto. E seu Pai, que vê no secreto, o
recompensará.

Não acumulem para vocês tesouros na terra, onde a traça
e a ferrugem destroem, e onde os ladrões arrombam e
furtam. Mas acumulem para vocês tesouros no céu,
onde a traça e a ferrugem não destroem, e onde os
ladrões não arrombam nem furtam. Pois onde estiver o
seu tesouro, aí também estará o seu coração.

Os olhos são a candeia do corpo. Se os seus olhos forem
bons, todo o seu corpo será cheio de luz. Mas se os
seus olhos forem maus, todo o seu corpo será cheio
de trevas. Portanto, se a luz que está dentro de você
são trevas, que tremendas trevas são!

Ninguém pode servir a dois senhores; pois odiará a um
e amará o outro, ou se dedicará a um e desprezará o
outro. Vocês não podem servir a Deus e ao Dinheiro.

Portanto eu lhes digo: não se preocupem com suas
próprias vidas, quanto ao que comer ou beber; nem
com seus próprios corpos, quanto ao que vestir. Não
é a vida mais importante do que a comida, e o corpo
mais importante do que a roupa? Observem as aves do
céu: não semeiam nem colhem nem armazenam em
celeiros; contudo, o Pai celestial as alimenta. Não têm
vocês muito mais valor do que elas?

Quem de vocês, por mais que se preocupe, pode
acrescentar uma hora que seja à sua vida? Por que
vocês se preocupam com roupas? Vejam como crescem
os lírios do campo. Eles não trabalham nem tecem.

Contudo, eu lhes digo que nem Salomão, em todo o seu esplendor, vestiu-se como um deles. Se Deus veste assim a erva do campo, que hoje existe e amanhã é lançada ao fogo, não vestirá muito mais a vocês, homens de pequena fé?
Portanto, não se preocupem, dizendo: "Que vamos comer?" ou "que vamos beber?" ou "que vamos vestir?". Pois os pagãos é que correm atrás dessas coisas; mas o Pai celestial sabe que vocês precisam delas. Busquem, pois, em primeiro lugar o Reino de Deus e a sua justiça, e todas essas coisas lhes serão acrescentadas.
Portanto, não se preocupem com o amanhã, pois o amanhã se preocupará consigo mesmo. Basta a cada dia o seu próprio mal.
Não julguem, para que vocês não sejam julgados. Pois da mesma forma que julgarem, vocês serão julgados; e a medida que usarem, também será usada para medir vocês.
Por que você repara no cisco que está no olho do seu irmão, e não se dá conta da viga que está em seu próprio olho?
Como você pode dizer ao seu irmão: "Deixe-me tirar o cisco do seu olho", quando há uma viga no seu? Hipócrita, tire primeiro a viga do seu olho, e então você verá claramente para tirar o cisco do olho do seu irmão.
Não deem o que é sagrado aos cães, nem atirem suas pérolas aos porcos; caso contrário, estes as pisarão e, aqueles, voltando-se contra vocês, os despedaçarão.
—Mateus 6:1–7:6

ADORE ASSIM

Tenham o cuidado de não praticar suas "obras de justiça" diante dos outros para serem vistos por eles. Se fizerem isso, vocês não terão nenhuma recompensa do Pai celestial.

MATEUS 6:1

Coração, coração, coração. Para Jesus o que importa é o coração:
- Devemos ter o coração de Deus.
- O coração do nosso chamado é viver sendo sal, luz e amor.
- Os motivos de nosso coração são tão importantes quanto as coisas que fazemos.

E agora Jesus fala sobre "o coração" de nossa espiritualidade. O momento é perfeito. Depois de esboçar Sua ética moral radical, Jesus explora as práticas que ajudam a nos moldar em pessoas que possam vivê-la. Ele examina o doar, a oração, o jejum, a confiança e como nós lidamos com os bens e a correção. Ações como essas moldam nosso coração e caráter. É por isso que nós as chamamos de "práticas espirituais."

No coração de toda espiritualidade está a adoração. E no coração da verdadeira adoração está o amor a Deus, que transborda em amor pelos outros. A linha cintilante da lei do amor deve ser tecida através de nossas práticas espirituais também. Jesus assinala essas coisas e, ao mesmo tempo, algumas tendências corruptas a serem evitadas.

Todo o nosso doar, orar, jejuar e confiar deve ser centrado em Deus nosso Pai. Jesus falará muito sobre isso — sobre em *quem* nossas práticas devem ser focadas. A espiritualidade não tem a ver apenas com o benefício para nós, mas o benefício para o nosso próximo. Esse é o aspecto do *porquê*, o qual Jesus mostrará que é também vulnerável a sequestro. Podemos doar para sermos elogiados, orar para sermos aplaudidos, jejuar para sermos congratulados — em resumo, podemos parecer espirituais só para sermos admirados.

"Tenham cuidado!", Jesus diz na introdução desta parte do Sermão, "de não praticar suas 'obras de justiça' diante dos outros para serem vistos por eles. Se fizerem isso, vocês não terão nenhuma recompensa do Pai celestial" (Mt 6:1). Esse será um refrão comum no que Ele vai dizer em seguida. Porque, embora a espiritualidade seja popular hoje, muito dela é centrada em nós mesmos. E, mesmo que as boas obras sejam sempre bem-vindas no mundo, o potencial para hipocrisia nunca está muito longe. Então, Jesus agora ajusta nossas práticas espirituais. No cerne delas, elas são um ato de adoração. Uma adoração centrada em Deus que inspira o amor aos outros.

> Portanto, irmãos, rogo-lhes pelas misericórdias de Deus
> que se ofereçam em sacrifício vivo, santo
> e agradável a Deus; este é o culto racional de vocês.
>
> ROMANOS 12:1

De quem você mais deseja admiração?
Você já fez coisas espirituais buscando secretamente aplauso?

DOE ASSIM

...de forma que você preste a sua ajuda em segredo. E seu Pai, que vê o que é feito em segredo, o recompensará.

MATEUS 6:4

O pintor Salvador Dalí disse certa vez: "Eu sou um exibicionista. A vida é muito curta para permanecer despercebido".[33] A atriz Marlene Dietrich lançou uma vez um disco de aplausos gravados em seus cabarés, que ela frequentemente tocava para seus amigos.[34] "Tenho ânsia por reconhecimento", confessou Garrison Keillor. "Fico desesperado para ganhar todas as pequenas medalhas de mérito e adereços da minha profissão."[35]

Podemos não chegar ao extremo de Dalí, que cruzou Paris em uma limusine cheia de couves-flores para chamar a atenção. Podemos não fazer como Dietrich e tocar gravações de aplausos efusivos para amigos. Mas uma parte de nós deve encontrar eco na confissão de Keillor, pois o desejo de ser reconhecido não está longe de qualquer um de nós. Queremos que as pessoas notem as coisas boas que fazemos. Podemos até ficar bravos quando elas não notam.

Não é errado ser reconhecido pelo que fazemos. A *ânsia* por reconhecimento é o problema. Isso é o que os antigos chamavam de pecado da vaidade, e ele fica ainda mais feio quando ligado à religião.

A multidão que Jesus confronta na encosta do monte já sabia da importância de doar ao necessitado. Junto com a oração e o jejum, essa é uma prática basilar para a espiritualidade judaica. O que Jesus aborda é como o doar pode ser distorcido pela vaidade. Ele diz: "Portanto, quando você der esmola, não anuncie isso com trombetas, como fazem os hipócritas nas sinagogas e nas ruas, a fim de serem honrados pelos outros. Eu lhes garanto que eles já receberam sua plena recompensa" (Mateus 6:2). Fazer isso é compreender mal tanto o *quem* como o *porquê* do doar moldado segundo Jesus, focando no mundo e seu aplauso em vez de em Deus; dar para que pareçamos bons em vez de para ajudar alguém em necessidade. Dê dessa forma, e o aplauso vazio do mundo será sua única recompensa.

O remédio de Jesus para o doar motivado pela vaidade é não o alimentar na sua fonte. Você quer que a sua generosidade seja reconhecida? Então, não conte a ninguém sobre sua doação (6:3). Você quer que ela seja aplaudida publicamente? Então a mantenha em segredo (6:4). Jesus não está dizendo que todas as nossas doações devem ser escondidas, como se tivéssemos que usar óculos escuros antes de ajudar um mendigo na rua. Ele já dissera que as nossas boas obras *deveriam* ser vistas por todos (5:14-16). Mas elas nunca devem ser feitas para receber aplauso pessoal.

No século 3, havia um grupo de ermitãos chamados Pais do Deserto. Baseados nessas palavras de Jesus, eles adicionaram outra prática espiritual ao conhecido trio da oração, jejum e doação. Eles chamavam esta prática de sigilo — propositalmente manter as boas obras em silêncio, confiando que o Deus que vê tudo os recompensaria (6:4). Na prática é assim: nós ficamos quietos quanto as nossas doações, deixamos que a nossa vida fale por si mesma e deixamos que Deus decida quando, e se, as nossas obras devem se tornar conhecidas.

> Ordene-lhes que pratiquem o bem, sejam ricos
> em boas obras, generosos e prontos para repartir.
>
> **1 TIMÓTEO 6:18**

Como você responde quando uma igreja, instituição de caridade ou indivíduo não reconhece sua contribuição?
Qual a oferta ou doação
que você poderia dar hoje que só Deus saberia?

ORE ASSIM

E quando vocês orarem,
não sejam como os hipócritas. Eles gostam de ficar
orando em pé nas sinagogas e nas esquinas,
a fim de serem vistos pelos outros. Eu lhes asseguro
que eles já receberam sua plena recompensa.

MATEUS 6:5

A poucas horas de caminhada de onde Jesus e Seu público se reuniram, fica a bela cidade de Séforis. Nos últimos anos, o governador da Galileia, Herodes Antipas, estava transformando aquela cidade, no topo de colina, em um movimentado centro cosmopolita com mercados, sinagogas, banhos públicos e templos, com ruas pavimentadas, paredes com afrescos e mosaicos bonitos. Jesus conhecia bem Séforis. Sua cidade natal, Nazaré, fica ao lado dela. É provável que tenha até trabalhado lá como carpinteiro.

O grande teatro de Séforis era muito bonito. Construído como um anfiteatro com fileiras em semicírculo, seus assentos desciam em cascata voltados para o palco e podiam acomodar três mil pessoas. Ali o público era entretido pelos "hipócritas" — os atores —, que se vestiam com fantasias e máscaras para encenar as peças gregas. "E quando vocês orarem, não sejam como os hipócritas", diz Jesus, tirando as palavras do palco e lhes dando o significado que conhecemos hoje. Não sejam como os atores religiosos que fingem, transformando a oração numa performance para receber o aplauso da multidão (Mt 6:5).

Podemos transformar a oração numa encenação por outros motivos. "E quando orarem, não fiquem sempre repetindo a mesma coisa, como fazem os pagãos. Eles pensam que por muito falarem serão ouvidos" (6:7). Por que eles repetem? Por causa de para *quem* eles oram. Júpiter, Juno, Minerva, Marte e até mesmo o imperador César eram adorados no tempo de Jesus. E orar para esses deuses requeria o uso correto das palavras, como neste decreto em honra de Galério César mostra:

O imperador César, Galério, Valério, Maximanus, Invicto, Augusto, Supremo Pontífice, Germânico Máximo, Egíptico Máximo, Fébicus Máximo, Sarmenicus Máximo... titular de autoridade judiciária pela vigésima vez, imperador pela décima-nona vez, cônsul pela oitava vez, Pater Patria Pro-Consul... [36]

Liste todos os títulos de direito, diga todas as palavras certas, faça a oração corretamente, do contrário, você ofenderá os deuses. A vaidade pode transformar nossa oração numa performance, o medo também pode.

Não há nada de errado em orar em público, seja num café com um amigo, na igreja com a congregação, ou num livro para outros lerem. Mas, quando a intenção de nossa oração é ficar bem diante dos outros, Jesus diz que devemos abandonar o ato, tirar a máscara, descer do palco e ir orar em nosso quarto (6:6).

E se o temor está dirigindo a nossa oração performática, podemos relaxar redescobrindo para quem estamos orando. Nosso Deus não requer orações meticulosas ou bajulações intermináveis para suborná-lo a fazer o que precisamos. Nosso Deus não fica procurando por erros nas palavras que oramos. Ele não é um burocrata melindroso, Ele se preocupa conosco (6:8).

Orem assim, Jesus nos diz no seu Sermão: com simplicidade e verdadeiramente Àquele que os conhece profundamente.

> E passou diante de Moisés, proclamando:
> "Senhor, Senhor, Deus compassivo e misericordioso,
> paciente, cheio de amor e de fidelidade".
>
> ÊXODO 34:6

Você já sentiu que deveria orar de certa maneira
para ser ouvido por Deus?
Quanto você fica vulnerável a Deus na oração?

Não há nada de errado
em orar em público.
Mas, quando a
INTENÇÃO DE NOSSA ORAÇÃO
é ficar bem diante dos outros,
Jesus diz que devemos
ABANDONAR O ATO, TIRAR A MÁSCARA,
DESCER DO PALCO e ir
orar em nosso *quarto*.

SheridanVoysey.com/Resilient

...AO SEU PAI

Vocês, orem assim: "Pai nosso, que estás nos céus!
Santificado seja o teu nome...".

MATEUS 6:9

Todos temos um deus. Nele confiamos para ter significado e segurança na vida, seja ele um ser sobrenatural, ou dinheiro, família, progresso científico ou sucesso. O deus que adoramos define o curso de nossa vida, determina as coisas pelas quais oramos e molda as pessoas que nos tornamos.

Assim, Jesus esclarece para *quem* estamos orando e como é esse Deus. Nosso Deus, Ele diz, busca pelos pequenos, pessoas simples (Mt 5:1-12), ama os inimigos (5:43-48), conhece cada necessidade e segredo (6:4, 6, 8, 18) e é generoso com Suas bênçãos (7:11). Esse Deus, diz Jesus, é nosso *Pai*.

Sua escolha de palavras é surpreendente. Jesus poderia nos ter dito para orarmos ao "Grande Redentor," ao "Santo de Israel," ou um dos outros títulos comumente usados para Deus. Em vez disso, Ele diz que podemos chamá-lo de Deus *Pai*. "Pai" significa intimidade — um Deus que se importa profundamente com Seus filhos. "Pai" significa acessibilidade — um Deus que não se limita a um povo em particular. Mas a palavra "Pai" também traz alguns riscos. Alguns foram muito maltratados por seus pais e podem projetar aqueles comportamentos em Deus. Ainda bem que Jesus descreve a paternidade de Deus um pouco mais.

Ele faz isso contando uma história. Nessa história, um filho vai até seu pai e exige sua herança adiantadamente — o equivalente a dizer: "Morra, pai! Quero o seu dinheiro". O pai concede o seu desejo, e o filho parte de casa com dinheiro nos bolsos para uma vida dissoluta. Ele esbanja sua riqueza, logo fica na pobreza, entende que cometeu um grande erro e deseja voltar ao lar. A questão é se a porta ainda estará aberta para ele.

O filho começa sua peregrinação de volta para seu pai, ensaiando a cada passo uma desculpa. De acordo com o costume judaico, o pai deveria se afastar dele e depois corrigi-lo publicamente para restaurar a sua honra. Mas esse filho não experimentará isso. Ao aproximar-se de casa, ele avista seu pai numa janela, esperando ansiosamente por sua volta. E, quando o pai vislumbra o rapaz, ele escancara a porta e corre para fora, envolve o filho em seus braços e faz uma festa para ele (Lc 15:11-32). "Deus é assim", diz Jesus. Esse é o tipo de Pai para quem vocês oram. Esse Pai é tão bom e tão puro, que seu nome deve ser estimado acima de qualquer outro nome na Terra (Mt 6:9). "Até que isto aconteça", diz Dallas Willard, "a bússola humana estará sempre apontando na direção errada".[37] Até que o nome do Pai seja sagrado em nosso coração, os deuses pequenos, como o dinheiro, família e o progresso científico, tentarão nos desviar para longe. Mas esses deuses nunca poderão nos amar como nosso Pai nos ama.

Jesus diz que é para Ele que devemos orar. Nosso Pai que está nos Céu, o santo Deus.

> Pois vocês não receberam um espírito que os escravize para novamente temer, mas receberam o Espírito que os adota como filhos, por meio do qual clamamos: "Aba, Pai".
>
> ROMANOS 8:15

Qual é o seu título favorito de Deus?
Como você se sente ao chamar Deus de Pai?

...POR SEU REINO

Venha o teu Reino; seja feita a tua vontade,
assim na terra como no céu.

MATEUS 6:10

Muito antes de haver estúdios, avenidas e estrelas nas calçadas, Hollywood era um vale de árvores frutíferas. Em 1885, Daeda Wilcox e seu marido compraram uma área de 647.497 m² na Califórnia com o objetivo de criar uma cidade. Mas não seria qualquer cidade antiga. O sonho de Daeda era que Hollywood fosse nada menos do que uma utopia cristã, uma "pitada" do reino de Deus na Terra — um lugar livre do álcool, armas, excesso de velocidade e diversões que corrompem a alma, e de pistas de boliche! Logo seu sonho começou a ser construído.

Como todas as utopias terrestres, entretanto, o sonho não durou muito. Apesar dos desejos de Daeda, bares começaram a abrir na cidade, e o crescimento dos anos 1920 trouxe tanto o sucesso quanto a libertinagem para Hollywood. Quando um cineasta chamado D. W. Griffith fez um filme na cidade em 1910, a semente para a maior indústria cinematográfica foi plantada.

A utópica Hollywood cristã morreu, mas isso não impediu a moderna Hollywood de notabilizar-se em sua versão própria de sonho utópico — *o final feliz*. Truman abre a porta e encontra sua liberdade, Luke destrói a Estrela da Morte e salva a galáxia; Bridget encontra seu homem; Nemo é encontrado! Nós sabemos que a vida real não é tão agradável, mas absorvemos o final feliz porque é o que cada um de nós deseja — um mundo sem dor, onde os relacionamentos funcionam, a justiça é feita, a vida é doce.

"Venha o teu Reino", Jesus nos ensina a orar. "Seja feita a tua vontade, assim na terra como no céu" (Mt 6:10). A história de Hollywood reflete tanto o nosso desejo para o cumprimento dessa oração quanto a dificuldade de ela se tornar realidade.

Como Daeda Wilcox descobriu, a legislação não pode criar o reino de Deus. O pecado, o sofrimento e a corrupção interferem em cada esforço para construí-lo. O Reino de Deus começa com Seu reino em nosso coração, *depois* reflete-se na sociedade. E ele vem pelo comando de Deus e não pelo esforço humano somente.

Mas, quando Jesus se senta no monte para pregar o Seu sermão, Ele se assenta como o Rei do reino. Seja onde for que Ele pregue, cure e liberte pessoas de opressão demoníaca, Ele anuncia que o reino já chegou (12:28). Cada cura que Ele realiza aponta para o dia quando *todas* as feridas serão curadas. Cada exorcismo antecipa *todo* o mal sendo destruído. Por meio da Sua ressurreição, Ele mostrará o que está guardado para *todos* que o fazem Senhor. O reino de Deus chegou com Ele. A festa começou, o sonho de Deus começou.

Jesus nos diz para orar pela consumação do reino de Deus. Os cristãos não são chamados para serem agradáveis abstêmios que frequentam a igreja nos domingos e jogam algumas moedas para a caridade a cada ano. Somos chamados a orar e trabalhar para ver o reino de Deus vir à Terra, para nos unirmos a Jesus em Sua missão de transformar o mundo naquilo que deveria ser.

Como Hollywood deixa claro, nós temos fome de tudo isso. Todos ansiamos por utopia. A boa nova é que Deus um dia cumprirá esses anseios com Sua nova criação. Até lá, cada final feliz que vemos na telona pode ser um lembrete de que um novo mundo está chegando — e um incentivo para orarmos por sua conclusão.

> Na esperança de que a própria natureza criada será libertada
> da escravidão da decadência em que se encontra
> para a gloriosa liberdade dos filhos de Deus.
>
> ROMANOS 8:20-21

> De que outra maneira você percebe
> a sociedade desejando o Céu?
> Como você participa na vontade de Deus
> sendo feita "na Terra" hoje?

...SOBRE SUAS NECESSIDADES

Dá-nos hoje o nosso pão de cada dia.

MATEUS 6:11

Os humanos foram criados para ter anseios por coisas. Fomos projetados para precisar de comida, água, luz do sol e ar, fontes externas a nós. Só Deus é autossuficiente. Foi isso que Moisés aprendeu quando viu a sarça ardente, com chamas que engoliam a árvore, mas não consumiam as folhas. Deus é a Sua própria energia, nós não somos. Temos fome, temos sede, temos necessidades.

Jesus agora fala dessas necessidades e de como satisfazê-las. "Dá-nos hoje o nosso pão de cada dia", Ele nos diz para orar pedindo pelo pão (Mt 6:11). Devemos levar a Deus nossa necessidade de comida. Pedimos pela comida de *hoje*, não a de amanhã. As pessoas que estão diante de Jesus são simples aldeões do século 1. Eles não têm despensas cheias, nem refrigeradores. Encontram sua comida e trabalho a cada dia. Ao fazermos essa oração, aprenderemos a viver no momento presente também, preocupando-nos menos com o amanhã e confiando a Deus o hoje.

Oramos pelo *alimento* de hoje. Nosso corpo, maravilhosamente complexo, tem necessidade de vitaminas, proteínas, carboidratos e minerais, os quais Deus providenciou nas montanhas e campos e nos riachos da criação. Mas precisamos de roupas e de abrigos tanto quanto de alimento e água. Precisamos de trabalho, de sono e de ar puro para respirar. Temos fome de significado, comunhão, companhia, segurança. E Jesus nos diz para trazermos tudo para Deus, cada necessidade.

E pedimos pelo alimento que *necessitamos*. Jesus espera que oremos comunitariamente — na igreja, em família e, em solidariedade com os vizinhos. Então, oramos para que nossa fome, de todos os tipos, seja satisfeita — pelos estômagos vazios na pobreza, por vidas vazias nas cidades; pelas mães solteiras lutando para pagar as contas, pelos pais desempregados lutando para alimentar seus famílias; pelas crianças nos guetos urbanos sem acesso à educação, e pelos esquecidos, os isolados e os solitários. Orar pelo que *nós* precisamos significa que o que temos deve ser compartilhado. Significa que o que *nós* temos é em parte *deles*. Nossa comida pode vir do mercado, mas, antes dele, vem do fazendeiro e antes dele, da terra — contudo, no final das contas, vem de Deus. O trabalho pode vir do empregador e a doação vir de um benfeitor, mas cada um é uma dádiva, um presente de Deus (Tg 1:17). Ao orarmos como Jesus descreve, vamos logo crescer em gratidão. Vamos começar a ver Deus agindo em nossa vida e Sua mão invisível por trás de tudo o que recebemos.

Dá-nos hoje o pão, o alimento de cada dia. E obrigado por tudo o que vamos receber.

> Não andem ansiosos por coisa alguma,
> mas em tudo, pela oração e súplicas, e com ação
> de graças, apresentem seus pedidos a Deus.
>
> **FILIPENSES 4:6**

O que precisamos ter hoje?
Que tipos de fome você acha que Deus
mais quer satisfazer?

...COM CONFISSÃO

Perdoa as nossas dívidas...

MATEUS 6:12

Há alguns anos, um rapaz chamado Frank Warren distribuiu 400 cartões-postais em branco para estranhos nas ruas, pedindo que escrevessem um segredo, ilustrassem-no e o remetessem para ele. Os segredos começaram a chegar na sua caixa de correio. "Não falo com meu pai há dez anos", escreveu alguém, "isso me mata a cada dia." "Todos que me conheceram antes do 11 de setembro (atentados terroristas nos EUA) agora acham que eu estou morto", dizia outro. "Eu deveria ter deixado você ir embora antes que nos machucássemos", escreveu outra pessoa. Todos os 400 cartões voltaram para Warren, seguidos de outros tantos. Nasceu ali a tendência de confessar os próprios segredos.[38]

Depois disso, surgiram muitos confessionários online, permitindo que pessoas removessem anonimamente os pecados de seu peito. Algumas das confissões postadas nesses websites são fabricadas e muitas são voyeuristas. Mas algumas têm alguma coisa de verdade, como a confissão que eu li de uma mulher que havia traído o namorado. "Desculpe-me", ela escreveu. "Não creio em um deus, mas eu precisava falar a verdade para alguém, nem que fosse para a internet."

Crendo ou não em Deus, o coração humano deseja confessar sua culpa. Lá no fundo, nós sabemos que precisamos de perdão. O rei Davi apreendeu essa experiência em um de seus salmos: "Enquanto escondi os meus pecados, o meu corpo definhava de tanto gemer... minha força foi se esgotando como em tempo de seca" (Sl 32:3,4). O pecado pesa, nos desgasta, ficamos sem energia. Mas Davi também capturou a liberdade que a confissão traz. "Então reconheci diante de ti o meu pecado e não encobri as minhas culpas... e tu perdoaste a culpa do meu pecado" (Sl 32:5). É isto que a garota que traiu seu namorado ansiava ter: ela tinha fome de perdão.

Como temos visto, a reconciliação é um tema central no Sermão de Jesus. Quando fazemos alguma coisa errada contra alguém, devemos buscar seu perdão (Mt 5:23-24). Quando alguém nos faz mal, nós devemos perdoá-lo (6:12). Tudo isso é baseado no perdão de Deus para nós. Esse perdão é o coração do evangelho (At 2:38), o coração do batismo (1 Pe 3:21), o coração da Ceia do Senhor (Mt 26:28). Quando Jesus ensina à multidão a orar na encosta do monte, Ele deixa claro que o perdão está incluído. Da mesma forma que nós oramos pela comida, devemos pedir a Deus por perdão. Para Jesus, a confissão é tão essencial para a vida quanto a comida.

Confessar nossos erros em um cartão postal ou num site pode ser terapêutico, mas não é o suficiente. A internet não "ouve" a nossa confissão. Um cartão-postal não pode "perdoar" o nosso pecado. O homem que não fala com seu pai há uma década ainda está alienado. Os pecados de traição da namorada não sumiram.

"Perdoa as nossas dívidas (pecados)...", Jesus nos diz para orar. Confessemos tudo Àquele que nos limpa de todos os nossos pecados.

> Se afirmarmos que estamos sem pecado,
> enganamo-nos a nós mesmos, e a verdade não está em nós.
> Se confessarmos os nossos pecados,
> ele é fiel e justo para perdoar os nossos pecados e nos
> purificar de toda injustiça.
>
> 1 JOÃO 1:8-9

Há algum pecado pesando muito em seu coração hoje?
Há algum pecado grande demais para o sacrifício de Jesus não cobrir?

...PERDOANDO

...assim como perdoamos aos nossos devedores.

MATEUS 6:12

Alguém mente para nós, se aproveita de nós ou insulta um dos nossos amigos. Somos traídos, espalham boatos sobre nós ou abusam de alguém que amamos. Sentimo-nos feridos, tornamo-nos amargurados e logo começamos a contemplar uma maneira de nos vingarmos. "Essas pessoas têm que pagar pelo que fizeram", dizemos. "Devem enfrentar a justiça. O que fizeram está *errado*".
Então, ouvimos essas palavras de Jesus no Seu Sermão. Ele diz que devemos pedir a Deus que nos perdoe, "assim como perdoamos aos nossos devedores" (Mt 6:12). Até mesmo diz que não seremos perdoados por Deus se não perdoarmos os outros (6:14-15). Essas palavras são duras. Como, então, perdoamos de verdade, especialmente quando os crimes são graves?
Podemos obter alguma ajuda sobre isso do autor e pastor R. T. Kendall. Seu livro *Total Forgiveness* (Perdão Total) é um clássico moderno sobre o tópico. Numa entrevista no rádio, ele falou sobre sete passos para nos ajudar a perdoar os outros:[39]
Primeiro, não diga a ninguém o que lhe fizeram. "A razão principal de contarmos aos outros sobre a ofensa é ferir os que nos feriram", diz R. T. Embora seja apropriado falar com alguém por razões terapêuticas, ou, no caso de outros, estarem em perigo, não se vingue espalhando o que lhe fizeram.
Segundo, não deixe que tenham medo de você. "É fácil intimidar alguém que o feriu. Entramos numa sala e eles congelam, e nós pensamos: *bom*", diz R. T. "Mas, quando você liberta uma pessoa, você se recusa a deixá-la ter medo de você."
Terceiro, não deixe que eles se sintam culpados. Assim como o medo, a culpa pode ser usada para punir alguém. Quando dizemos: "Eu os perdoo, mas espero que vocês se sintam culpados", ainda estamos querendo que eles sofram. Ao contrário, "o perfeito amor expulsa o medo, porque o medo supõe castigo" (1 Jo 4:18).

Quarto, deixe-os manter as aparências. "Em vez de dizer: 'Peguei você!', olhe para o outro lado", diz R. T. Quando José perdoou seus irmãos por venderem-no como escravo, ele os ajudou a manterem as aparências mostrando que Deus era soberano sobre toda a situação (Gn 50:18-20)

Quinto, proteja-os de seus segredos mais obscuros. "Você pode saber algo sobre alguém que pode destruí-lo se for dito", R. T. acrescenta, "mas o perdão é total quando você está certo de que ninguém jamais saberá. É assim que Jesus age conosco. Ele nos protege dos *nossos* segredos mais obscuros."

Sexto, ore por eles. Você está pedindo a Deus para fazer por eles o que Ele fez por você. Deus perdoou os seus pecados com a morte de Jesus na cruz. Agora você os liberta pedindo a Deus que os abençoe também (Cl 3:13).

Sétimo, continue a perdoar. Haverá dias em que a ofensa voltará a sua mente. Quando isso acontecer, temos que perdoar novamente, seguindo a ordenança de Jesus de perdoar enquanto houver necessidade (Mt 18:21-22).

A coisa mais difícil do mundo é perdoar totalmente alguém que nos machucou, diz R. T. "E é certo, pois estamos nos machucando quando carregamos esse fardo e nos emancipamos médica e psicologicamente quando libertamos seu autor."

> Suportem-se uns aos outros e perdoem as queixas que tiverem uns contra os outros. Perdoem como o Senhor lhes perdoou.
>
> **COLOSSENSES 3:13**

Quem você precisa perdoar hoje?
Em quais destes sete passos você precisa trabalhar?

...BUSCANDO RESGATE

*E não nos deixes cair em tentação,
mas livra-nos do mal...*

MATEUS 6:13

Quando Mimi tinha vinte e pouco anos, ela começou a trabalhar num bordel iludida pelo ganho fácil de dinheiro para pagar suas dívidas na faculdade. "A princípio me senti empoderada", ela me disse. "Quantas pessoas podem ganhar o salário de um dia trabalhando meio hora?"[40] Mas a escuridão desse mundo logo ficou evidente.

"Encontrei outras prostitutas que sonhavam em voltar para a faculdade para terminar seus cursos, mas ficaram presas nas drogas ou a um cafetão", ela disse. "E sempre me perguntei se meus clientes estavam privando seus filhos de material escolar ou sapatos porque eles me entregavam seu dinheiro."

Apesar disso, Mimi continuou trabalhando nessa área. O dinheiro que ganhava podia patrocinar um estilo de vida pródigo, mas trabalhar à noite acabou a afastando dos seus amigos. Depois as coisas começaram a girar fora de controle. "Eu fiquei grávida de um cliente", disse Mimi. "Compreendi que não poderia criar uma criança naquele ambiente, então eu saí. Casei-me com o pai da criança, mas ele não conseguia esquecer o meu passado e acabamos nos separando. Eu tinha tanto dinheiro e de repente estava com tão pouco. Todas as minhas conexões sociais desapareceram, e eu me senti isolada. Foi então que comecei a considerar o suicídio."

Em vez disso, Mimi clamou por Jesus. "Pedi que Ele tomasse o controle da minha vida, e uma calma veio sobre mim, como eu nunca havia sentido antes", disse ela. "Isso aconteceu há apenas seis semanas atrás e, desde então, a depressão me deixou." Mas com o pouco dinheiro e sua história de trabalho difícil de explicar para potenciais empregadores, Mimi se sentia tentada a voltar para sua velha vida. "Se as opções eram criar meu bebê com macarrão instantâneo ou trabalhar num salão de massagens, talvez eu devesse voltar."

A experiência de Mimi revela a estratégia que Satanás usa para nos fazer cair numa armadilha. Primeiro, ele explora nossas fraquezas com uma proposta tentadora: estamos com dívidas, e ele nos oferece dinheiro através de prostituição ou roubo; estamos solitários, e ele sugere um caso para encontrarmos intimidade; estamos deprimidos, e ele propõe o uso de estimulantes para nos sentirmos felizes. Depois, ele nos isola das pessoas de quem precisamos: perdemos contato com amigos e família, nos afastamos da comunidade cristã e começamos a viver secretamente para esconder nossa vergonha. Finalmente, ele nos escraviza: como Mimi, nos encontramos encurralados num lugar de destruição.

"E não nos deixes cair em tentação", Jesus nos ensina a orar em seguida em seu Sermão, "mas livra-nos do mal" (Mt 6:13). A oração reconhece algo importante sobre nós: nossa vulnerabilidade. Somos vulneráveis aos nossos próprios desejos distorcidos (Tiago 1:13-15), os atraentes, mas destrutivos, caminhos do mundo (1 Jo 2:15-17) e as estratégias do maligno que traçam nossa queda (1 Pe 5:8-9).

"Não deixe a Mimi cair em tentação, Senhor!", nós oramos. Seja luxúria, vingança, espalhar boatos ou ceder a algum outro tipo de desejo viciante. "Livra-a do mal!"

"E não *me* deixe cair em minhas próprias tentações!", oramos. Seja luxúria, vingança, espalhar boatos ou ceder a algum desejo viciante. "Livra-nos do mal! Não nos deixes ser seduzidos, isolados e escravizados."

Algumas traduções terminam o ensino de Jesus sobre oração com as palavras, "porque teu é o Reino, o poder e a glória para sempre. Amém." Embora não tenham sido encontradas nos mais antigos manuscritos que temos,[41] essas palavras são uma apropriada conclusão para as nossas orações. Ao orarmos por nós mesmos e outros, como Mimi, reconhecemos a existência de um poder maior do que nós mesmos ou que o maligno.

Oramos para que Aquele que tem todo o poder para nos livrar nos resgate do mal.

> Não sobreveio a vocês tentação que não fosse
> comum aos homens. E Deus é fiel;
> ele não permitirá que vocês sejam tentados
> além do que podem suportar.

Mas, quando forem tentados, ele lhes providenciará um escape, para que o possam suportar.

1 CORÍNTIOS 10:13

Quando você fica mais vulnerável à tentação? Você tem se preparado para esses momentos?

JEJUE ASSIM

Ao jejuar, ponha óleo sobre a cabeça e lave o rosto,
para que não pareça aos outros que você
está jejuando, mas apenas a seu Pai, que vê no secreto.
E seu Pai, que vê no secreto, o recompensará.

MATEUS 6:17-18

Eu achava que jejum era um tipo de greve de fome espiritual, um ato de chantagem direcionado a Deus, forçando-o a fazer o que nós lhe pedimos. Logo aprendi que era algo diferente, mas confesso que até hoje não jejuo com frequência, nem por muito tempo. De fato, uma vez sentei-me para ler um livro sobre esse tópico enquanto comia *Nutella*® direto do pote! Minhas credenciais para o jejum são rudimentares, mas uma experiência me ajudou a entender o que realmente ele significa.

Por um curto tempo, há alguns anos, eu fui ministro de jovens de uma igreja. Estava no meu limite, tentando realizar um trabalho com dons que eu não possuía e me esgotando no processo. Eu precisava de um tempo intensivo com Deus, então, tirei uns poucos dias para fazer um retiro na cabana de um amigo, na área rural.

Dirigi cedo para o local. Só levei a Bíblia e um caderno comigo, prometendo para mim mesmo que não leria, assistiria ou ouviria qualquer outra coisa naquele período. Ao chegar na cabana, coloquei minhas roupas no quarto, minha comida no refrigerador e comecei a orar.

Deus se achega a nós quando o buscamos (Tg 4:8). Depois de uma hora ou quase isso de orações desesperadas falando das pressões que eu estava sofrendo, uma calma estranha veio sobre mim. Minhas orações começaram a se afastar dos meus estresses e a focar na presença de Deus. Comecei a ler as Escrituras e a escrever algumas descobertas importantes. Orei, louvei, li e escrevi pelas horas seguintes, percebendo depois que eu não havia almoçado. "Talvez seja isso que é o jejum", pensei, "focar em Deus, excluindo tudo o mais". Continuei jejuando no dia seguinte, com alguma dificuldade, mas retornei para casa como uma pessoa diferente.

Assim como com o doar e o orar, Jesus nos diz que o *porquê* por trás do nosso jejum é a chave. Segundas e terças-feiras eram dias de mercado no tempo de Jesus — dias nobres para os atores religiosos demonstrarem publicamente o seu jejum (Mt 6:16). Em vez disso, o que deveria conduzir a prática seria o amor a Deus, aos outros e a si mesmos. Primeiramente, jejuamos por amor a Deus, fazendo dele o nosso foco (6:18). Amamos os outros quando jejuamos por sua segurança (Et 4:16), durante o seu sofrimento (Sl 35:11-16), ou em tempos de crises nacionais (2 Cr 20:1-4). E os efeitos pessoais do jejum nos beneficiam profundamente também: nos ajudando a ouvir Deus (At 13:2), nos capacitando para a missão (13:3), tornando-nos sensíveis ao Espírito e mantendo nossos desejos sob controle.

Algumas pessoas fazem jejum de shopping para manter o consumismo longe. O apóstolo Paulo falou sobre o jejum sexual entre cônjuges (1 Co 7:5) e eu jejuei da mídia enquanto estava em retiro. Todos esses têm o seu lugar, mas, no Seu Sermão, Jesus fala sobre o jejum de *comida*, tomando só água enquanto ora ao Pai. Embora não haja mandamentos bíblicos explícitos, como existem para o doar e o orar, Jesus assume que exercitaremos os três. Não devemos jejuar por causa da saúde ou da imagem corporal, mas, depois de um pouco de orientação sobre o assunto, a maioria de nós deve tentar.[42]

O jejum cristão não tem a ver com ficar bem diante dos outros, seja por perda de peso ou para ser elogiado por nossa religiosidade. Também não é uma greve de fome. Jejuar é focar em Deus na oração com a exclusão de tudo o mais. Descobri isso por acidente, agora preciso colocar essa descoberta em prática mais frequentemente.

> Jesus respondeu: "Está escrito:
> 'Nem só de pão viverá o homem, mas de toda
> palavra que procede da boca de Deus'".
>
> MATEUS 4:4

> Você já tentou jejuar?
> Como Deus pode estar chamando você
> para praticar o jejum?

CONSUMA ASSIM

Vocês não podem servir a Deus e ao Dinheiro.

MATEUS 6:24

Há alguns anos, uma fábrica de jeans lançou um comercial de TV controvertido. A propaganda começava com uma mulher encontrando três homens numa rua escura à noite. Ela entra num carro e é levada a um rio isolado. Lá ela anda na água escura, seguida pelos três amigos. Os homens usam o jeans da marca; a mulher usa uma saia, que ela tira antes de baixar-se na água da cintura para baixo. Um dos homens vai para perto dela, coloca sua mão na testa dela e a empurra para trás, batizando-a na água. Ao voltar à tona e sair da água, um milagre acontece: ela agora está usando um jeans da mesma marca dos homens. Aparece na tela a frase: "Nascido de novo".[43]

Aquele comercial torna explícito o que está acontecendo em muitas sociedades seculares. Estamos buscando a salvação nos shoppings e o renascimento através de marcas. Buscamos uma nova vida por meio do que possuímos, dirigimos, usamos e compramos. Isso faz do materialismo uma religião e do dinheiro um deus. Mas a adoração a esse deus cobra pedágio.

Em seu livro, *The Selfish Capitalism* (O Capitalismo Egoísta), o psicólogo Oliver James esboça o efeito do materialismo naqueles que o praticam. Com sua ênfase em dinheiro, bens e aparência pessoal, o materialista sofre níveis crescentes de depressão, ansiedade, agressão, narcisismo, abuso de substâncias químicas e quebra de realcionamentos.[44] À medida que nossa devoção a essa religião *cresce*, nos tornamos menos leais, perdoadores, ajudadores e alegres, e mais cínicos, temerosos, manipuladores e inseguros. James acrescenta que a maioria das desordens psiquiátricas são virtualmente desconhecidas fora das sociedades ocidentais. Uma cultura materialista leva a enfermidades muito profundas.

Tornamo-nos parecidos com aquilo que adoramos. Como Jesus continua no Seu Sermão, Ele revela que o dinheiro e os bens são deuses poderosos que procuram nos moldar à sua imagem (Mt 6:21,24). Curve-se diante do deus dinheiro e sua alma terá a luz e a vida roubadas (6:22-23). A obsessão por coisas materiais nos torna ansiosos e preocupados (6:25-32). Nosso coração é moldado por aquilo que mais valorizamos, então assegurem-se de que o Céu é o seu tesouro (6:21).

Como Oliver James demonstrou, o materialismo é uma doença penetrante que nos afeta mais do que imaginamos. O remédio de Jesus para ele é intemporal: renunciar ao deus dinheiro pelo Deus de amor (6:24); descansar no cuidado de Deus por nós, confiar que Ele proverá o que necessitamos (6:26,30), orientar nossa vida por Sua agenda (6:33) e achar nosso propósito trabalhando por coisas que durem (6:20).

Talvez a melhor maneira de nos livrarmos do materialismo é aumentar nosso nível de generosidade. Quando o dinheiro se torna um ídolo, nós podemos doar mais dele. Se os carros, roupas e "tesouros" se tornam muito preciosos, podemos compartilhá-los com outros ou doá-los para os necessitados. Deuses renunciados não têm poder sobre nós.

Consuma assim, Jesus diz em Seu Sermão: com um espírito generoso e seus olhos no Pai.

> Ordene-lhes que pratiquem o bem, sejam ricos em boas obras, generosos e prontos para repartir. Dessa forma, eles acumularão um tesouro para si mesmos, um firme fundamento para a era que há de vir, e assim alcançarão a verdadeira vida.
>
> 1 TIMÓTEO 6:18-19

Você se preocupa muito com sua imagem pública ou status?
Você busca "salvação" através de outras coisas
em vez de buscá-la em Deus?

CONFIE ASSIM

Portanto eu lhes digo: não se preocupem com suas próprias vidas, quanto ao que comer ou beber; nem com seus próprios corpos, quanto ao que vestir. Não é a vida mais importante do que a comida, e o corpo mais importante do que a roupa?

MATEUS 6:25

Q uando eu era criança, tinha medo de fazer amizades na escola. Depois, como estudante universitário, eu me preocupava em conseguir trabalho depois da formatura. Com o passar dos anos, temia não passar em exames, não usar as roupas certas, não ganhar dinheiro suficiente, não ser incluído. Preocupava-me com os empréstimos bancários, planos de carreira e em achar alguém para me casar. Hoje, preocupo-me com a venda dos meus livros e com a saúde dos meus pais. Como não temos filhos, Merryn e eu às vezes nos perguntamos quem vai cuidar de nós quando envelhecermos. Com o que você se preocupa? Faça uma lista. Alguns de seus temores podem ser similares aos meus.

Jesus fala sobre os problemas mais comuns da humanidade no Seu Sermão: encontrar propósito, conseguir reconciliação, responder ao mal, lidar com as posses. Agora Ele se volta ao problema universal da preocupação/ansiedade, dando-nos duas razões por que devemos desaprender esse hábito.

Uma razão é prática: preocupar-se é gastar energia com alguma coisa que pode não acontecer nunca. Olhe para a lista de preocupações que você fez. Note quantas se relacionam ao futuro — que você não conseguirá o emprego, não irá se casar, ou não conseguirá realizar seu projeto. O fato é que não sabemos do futuro! Muita coisa que nos traz preocupações não vai acontecer, e preocupar-se não faz a mínima diferença para aquelas que acontecerão. "Quem de vocês, por mais que se preocupe, pode acrescentar uma hora que seja à sua vida?", Jesus pergunta (Mt 6:27). Ninguém pode, "portanto, não se preocupem com o amanhã, pois o amanhã se preocupará consigo mesmo. Basta a cada dia o seu próprio mal" (Mt 6:34).

A outra razão é teológica: a preocupação está ligada à adoração. Se você espera que Minerva, ou Marte, ou o dinheiro cuide de você, então, boa sorte! Aqueles deuses são incapazes de suprir as necessidades humanas, assim, você vai ter que se virar sozinho (6:31-32). Mas o Deus Pai é diferente, Jesus diz, Ele é real, se importa, responde e está agindo em sua vida agora mesmo.

Para esclarecer, Jesus nos leva a uma meditação guiada sobre o mundo natural. "Observem as aves do céu: não semeiam nem colhem nem armazenam em celeiros; contudo, o Pai celestial as alimenta. Não têm vocês muito mais valor do que elas?" (Mt 6:26). "Vejam como crescem os lírios do campo. Eles não trabalham nem tecem. Contudo, eu lhes digo que nem Salomão, em todo o seu esplendor, vestiu-se como um deles" (Mt 6:28-29). Vejam — Deus está ativo agora mesmo, provendo para a criação. E esse mesmo Deus está ativo em sua vida também. Então, não se preocupe com o que vai comer ou beber — ou outra coisa que o deixe ansioso. Se Deus cuida dos pássaros e das flores, Ele não cuidará do filho dele?

Jesus pergunta: Por que vocês demoram tanto para confiar em Deus (6:30)? Aqui está o meu palpite: sutilmente esquecemos que Deus está ativo em nossa vida e tomamos sobre nós os fardos que são dele. Mas Deus *está* trabalhando. Ele está nos levando a orar (Sl 27:8), nos tornando mais como Cristo a cada dia (2 Co 3:18) e nos dando o desejo de fazer a Sua vontade (Fl 2:13). Ele está ativamente suprindo as nossas necessidades.

Jesus não está dizendo que antecipar problemas ou planejar com antecedência seja errado ou que deveríamos parar de trabalhar porque "o Senhor proverá". Os pássaros trabalham por sua comida, e nós devemos trabalhar também (2 Ts 3:10-12). Ele também não promete uma vida despreocupada (Mt 6:34). Haverá tempestades, haverá dificuldades — mas nossa vida é dirigida pela fé, não pela preocupação. Então, nós confiamos a Deus todas as nossas necessidades e problemas. E lembre-se: nossos temores quanto ao futuro podem nunca acontecer.

> Não andem ansiosos por coisa alguma, mas em tudo, pela oração e súplicas, e com ação de graças, apresentem seus pedidos a Deus.
>
> FILIPENSES 4:6

Quais das suas preocupações têm a ver com o futuro?
Como você pode transformar
sua lista de preocupações em uma lista de confiança?

CORRIJA ASSIM

*Hipócrita, tire primeiro a viga do seu olho,
e então você verá claramente para tirar o cisco do olho do seu irmão.*

MATEUS 7:5

Outro dia, li uma entrevista com uma autora de um website popular. Perguntaram-lhe sobre o seu divórcio, que tinha sido de conhecimento público na época, e seu subsequente novo casamento. Como convinha, ela manteve os detalhes do divórcio privadamente, contando somente que o divórcio tinha devastado a ela e ao ex-marido. Ela sempre acreditou que o casamento era um compromisso de vida e ainda crê assim. Desta forma, buscou aconselhamento pastoral para saber se um novo casamento seria uma opção para ela. E compartilhou a importância da comunidade cristã em momentos de fracasso.

Terminei o artigo, depois rolei para a seção dos comentários. As palavras lá eram implacáveis. Por causa daquele curto artigo, pedras foram atiradas na autora de todas as direções. "A Bíblia diz que divórcio é pecado." "Um novo casamento faz dela uma adúltera." "É óbvio que ela não se arrependeu", as pessoas diziam. Uma pessoa a acusou de falar demais de si mesma. Outra disse que ela não tinha compartilhado o suficiente. Um indivíduo charmoso vasculhou a internet procurando tudo o que podia sobre a autora, torcendo o que encontrou para diminuir sua vida e trabalho. Através daqueles comentários, a pessoa da autora foi arruinada.

A brisa do mar soprava pela encosta enquanto as multidões esperavam para ouvir as próximas palavras de Jesus. Ele havia falado corajosamente sobre pecados como o ódio e a lascívia e da quebra dos votos do casamento e das promessas vazias. Falara que a nossa moralidade deveria ser maior do que a espiritualidade hipócrita dos atores religiosos. O que será que Ele dirá agora? "Não julguem, para que vocês não sejam julgados. Pois da mesma forma que julgarem, vocês serão julgados; e a medida que usarem, também será usada para medir vocês" (Mateus 7:1,2).

Dada a discussão até agora, era o momento de Jesus estabelecer algumas diretrizes sobre como corrigimos as pessoas que fracassam. Ao nos dizer que não devemos julgar, Ele não está dizendo que é inadequado discernir o certo do errado ou falar quando necessário. Isso iria contra tudo o que Ele já havia ensinado. O que Jesus opõe é o espírito crítico, sem graça, rabugento que clama pelo direito de condenar.

Deus é o único juiz perfeito para julgar os pecados da pessoa. Não sabemos todos os fatos, não podemos ler o coração das pessoas, não podemos julgar as ações e motivações delas por causa de um artigo na internet. Mesmo se pudéssemos, nunca poderíamos condená-las porque somos pecadores também (7:3-4) e podemos ser tentados pelo mesmo pecado. O propósito da correção bíblica não é a condenação, mas o direcionamento para o caminho correto novamente (Gl 6:1).

Alguns usam as palavras de Jesus aqui para evitar o desafio ao seu estilo de vida. "Não me julgue!", eles dizem, colocando-se acima de qualquer questão. Não, temos que nos corrigir mutuamente na família de fé, e recusar a correção é ser orgulhoso, como a pessoa que condena. Mas, quando corrigimos, nós devemos conhecer bem a pessoa, fazer um exame em nossa própria vida primeiramente e corrigir com gentileza, humildade e com os interesses do outro no coração.

Os atores religiosos, os hipócritas, amam julgar, pois isso os faz parecerem superiores aos outros. Tais pessoas são cegas. Jesus diz: "...tire primeiro a viga do seu olho" (Mt 7:5). A multidão no monte ri e entende o que Jesus diz. O juiz cego que existe em cada um de nós precisa ir embora.

> Se alguém for surpreendido em algum pecado, vocês, que são espirituais deverão restaurá-lo com mansidão. Cuide-se, porém, cada um para que também não seja tentado.
>
> GÁLATAS 6:1

Quando você é tentado a criticar alguém?
Como discernimos o certo e o errado
sem nos tornarmos julgadores?

SEJA CORRIGIDO ASSIM

Não deem o que é sagrado aos cães, nem atirem suas pérolas aos porcos; caso contrário, estes as pisarão e, aqueles, voltando-se contra vocês, os despedaçarão.

MATEUS 7:6

Aconteceu uma noite após o jantar; enjoado de ver televisão, abri meu celular e entrei no feed do meu *Twitter*. Um dos primeiros *tweets* que vi captou minha atenção: "Os ateístas têm pulso mole porque não têm nada para defender! #maiorescovardes".

Bem, pensei, *que jeito de ganhar amigos para o evangelho!* Um outro *tweet* veio em seguida: "Os ateístas não têm moral. Abraçarão uma árvore e matarão um bebê na barriga da mãe! #confuso".

Os *tweets* desagradáveis continuaram, cada um vomitando ataques contra o ateísmo pagão. Infelizmente, a pessoa responsável por eles era um pastor evangélico. Já que ele era um irmão na fé, resolvi dizer alguma coisa.

"Estou com muita dificuldade com seus *tweets*", postei. "Não acho que eles demonstrem respeito pelos ateístas." A resposta do pastor foi rápida. "Não me diga!", retrucou. "Isso explica o estado em que a igreja britânica está — por causa da sua luta!". Acusou-me de ser "pós-moderno" e sentimental. Até onde sei, ele não me conhecia, seu julgamento era baseado em um comentário que fiz em seu *tweet*.

Enviei mais um *tweet* pedindo ao pastor que considerasse demonstrar gentileza e respeito aos descrentes como 1 Pedro 3:15-17 diz para fazermos. "Vou te dizer uma coisa", ele respondeu, "quando você tiver tantos ateístas em sua igreja quanto eu tenho, você pode vir e me mostrar um jeito melhor de lidar com eles". Depois, deixou de me seguir no *Twitter*.

Intrigado com nossa troca de mensagens, fui atrás dos *tweets* anteriores do pastor. Ironicamente, uns dias antes ele havia postado: "Quando a sua primeira resposta à correção é chutar de volta em vez de pensar, você está perdendo a oportunidade de Deus lhe dar um coração maior e uma vida maior". Infelizmente, ele não havia praticado suas próprias palavras.

"Não esbanje o que é santo com gente que não é santa", Jesus diz em Seu Sermão. "...nem atire suas pérolas aos porcos; caso contrário, estes as pisarão e, aqueles, voltando-se contra vocês, os despedaçarão" (Mt 7:6). Suas palavras são enigmáticas e parecem fora de lugar. O que são as pérolas e quem são aqueles porcos? Os estudiosos têm lutado para entendê-las.[45] Penso que o fluir do Sermão de Jesus nos dá uma dica. Jesus acaba de nos ensinar como corrigir as pessoas — não com julgamento condenatório, mas com humildade e com os melhores interesses delas no coração (7:1-5). Sua fala sobre pérolas e porcos, então, continua com o tópico da correção. Como diz Provérbios 9:7: "Quem corrige o zombador traz sobre si o insulto; quem repreende o ímpio mancha o próprio nome". Alguns não aceitarão a correção, não importa o quão humildemente ela seja feita. Eles o insultarão, chutarão você, pisotearão suas "pérolas" de conselho. Então, saia, deixe-os.

Mesmo que não consiga praticar os seus *tweets*, aquele pastor estava certo — quando somos corrigidos, enfrentamos uma escolha de revidar ou pensar. Que sejamos pessoas que pensam, já que a correção é o caminho para a sabedoria piedosa.

> Não repreenda o zombador, caso contrário
> ele o odiará; repreenda o sábio, e ele o amará.
>
> PROVÉRBIOS 9:8

> Qual é a sua primeira resposta
> à correção — revidar ou pensar?
> A qual correção você resistiu,
> mas depois agradeceu por ela?

O PÚBLICO DE UM

Então seu Pai, que vê no secreto,
o recompensará.

MATEUS 6:6

Coram Deo. Os cristãos do século 16 usavam essa frase simples em latim para capturar uma ideia profunda. *Coram Deo* significa "diante da face de Deus." Diz que vivemos diante dAquele que nos conhece intimamente — cada pensamento, ações, respiração, e que devemos viver de acordo com isso. Viver diante da face de Deus significa viver sob Seu cuidado e autoridade, com integridade, para Sua glória. A ideia teve implicações de longo alcance, como tem agora. *Coram Deo* significava que não havia distinção de valor entre classes. O rei e o pobre são iguais diante da face de Deus, nenhum é mais importante que o outro. *Coram Deo* significava que não havia diferença entre o secular e o sagrado. O açougueiro e o fazendeiro podiam trabalhar para a glória de Deus, da mesma forma que o pastor e o missionário. E *Coram Deo* significava que não havia distinção entre a vida pública e a privada. Ambas estão desnudadas diante dAquele que vê tudo.

Jesus veio ao mundo para abrir os nossos olhos (Lc 4:18). E isso é o que Ele está fazendo nesta parte do Sermão. Ele nos mostra os ídolos que obscurecem nossa visão (Mt 6:19-22), identifica os pecados que a bloqueiam (7:5) e nos ensina a ver o Deus invisível no mundo ao nosso redor (6:26-30). Depois, Ele abre nossos olhos para a vida *Coram Deo* — ver que todo o nosso doar, orar, jejuar e viver é feito diante de Deus "que tudo vê" (6:4,8,18).

O hipócrita não vê isso. Acha que seu coração pode ser escondido, coloca uma máscara e se apresenta como alguém que não é. Mas Deus vê através dele e diz que sua ação é autodestrutiva. Se anunciamos nossa generosidade com trombetas, transformamos nossas orações em atuações e revelamos a razão porque nossas barrigas estão roncando; se guardamos nossos tesouros, buscamos primeiro nosso próprio reino, empilhamos nossos ressentimentos e oramos para que nossa vontade seja feita; se bancamos juízes e pisoteamos a correção, só estamos aprofundando as estacas de nossa frágil casa mais profundamente numa fundação de areia. Quando os problemas vierem (ou quando o aplauso do povo acabar), nossa vida desmoronará.

Ao contrário, a vida *Coram Deo* leva à integridade, e essa integridade leva à resiliência. Diante da face de Deus, nos empenhamos em viver plenamente, não divididos; sermos o mesmo em público e no privado; praticar o que pregamos e sermos humildes quando caímos. Diante da face de Deus, o *quem* de nossa espiritualidade se torna nosso Pai, não nós — e o porquê se torna amar a Deus e aos outros, não ficar "bem na fita". Diante da face de Deus, vivemos como Jesus — Suas lealdades por inteiro (4:8-10), Suas orações com o foco certo (14:22-23), Sua casa não construída sobre a popularidade e aplauso, mas sobre o cumprir a vontade do Pai (26:39). Sobre esse alicerce, nossa casa também ficará firme.

"A maioria de nós, conscientemente ou não, faz as coisas com um olho na aprovação de algum público ou de outro", escreve Os Guiness. A plateia pode ser de amigos, patrões, colegas ou seguidores de mídia social, mas na vida *Coram Deo* apenas uma plateia importa: a "Plateia de Deus".[46] Assim, buscamos essa plateia e o sorriso no Seu rosto, e ouvimos o aplauso celestial.

> O Senhor te abençoe e te guarde;
> o Senhor faça resplandecer o seu rosto sobre ti
> e te conceda graça;
> o Senhor volte para ti o seu rosto e te dê paz.
>
> **NÚMEROS 6:24-26**

Quando você fica mais tentado a receber o aplauso dos outros?
De que outra forma a vida *Coram Deo* leva à resiliência?

Se anunciamos nossa **GENEROSIDADE** com **TROMBETAS**,
transformamos nossas **ORAÇÕES** em **ATUAÇÕES**
e revelamos a razão das nossas barrigas roncando;
se **GUARDAMOS** nossos **TESOUROS**,
buscamos primeiro nosso próprio reino,
EMPILHAMOS nossos **RESSENTIMENTOS** e
ORAMOS para que **NOSSA** vontade seja feita;
se bancamos o juiz e **PISOTEAMOS A CORREÇÃO**,
só estamos aprofundando as estacas
de nossa frágil casa mais profundamente numa
fundação de areia.
Quando os problemas vierem, nossa vida desmoronará.

SheridanVoysey.com/Resilient

PARTE 5

Suas Escolhas

Ao olhar para o seu futuro, o que você vê?
Você está preso em seus próprios sonhos por um futuro melhor ou está permitindo que Deus molde e construa seu futuro?

Você crê que sua vida e futuro estão
nas mãos de Deus, não importa o que isso signifique?

CHRISTINE SINE[47]

Peçam, e lhes será dado; busquem, e encontrarão; batam, e
a porta lhes será aberta. Pois todo o que pede, recebe;
o que busca, encontra; e àquele que bate, a porta
será aberta.
Qual de vocês, se seu filho pedir pão, lhe dará uma pedra?
Ou se pedir peixe, lhe dará uma cobra? Se vocês,
apesar de serem maus, sabem dar boas coisas aos seus
filhos, quanto mais o Pai de vocês, que está nos céus,
dará coisas boas aos que lhe pedirem!
Assim, em tudo, façam aos outros o que vocês querem
que eles lhes façam; pois esta é a Lei e os Profetas.
Entrem pela porta estreita, pois larga é a porta e amplo
o caminho que leva à perdição, e são muitos os que
entram por ela. Como é estreita a porta, e apertado
o caminho que leva à vida! São poucos os que a
encontram.
Cuidado com os falsos profetas. Eles vêm a vocês vestidos
de peles de ovelhas, mas por dentro são lobos
devoradores. Vocês os reconhecerão por seus frutos.
Pode alguém colher uvas de um espinheiro ou figos de
ervas daninhas? Semelhantemente, toda árvore boa dá
frutos bons, mas a árvore ruim dá frutos ruins. A árvore
boa não pode dar frutos ruins, nem a árvore ruim pode
dar frutos bons. Toda árvore que não produz bons
frutos é cortada e lançada ao fogo.
Assim, pelos seus frutos vocês os reconhecerão!
Nem todo aquele que me diz: "Senhor, Senhor", entrará no
Reino dos céus, mas apenas aquele que faz a vontade
de meu Pai que está nos céus. Muitos me dirão naquele
dia: "Senhor, Senhor, não profetizamos nós em teu
nome? Em teu nome não expulsamos demônios e não
realizamos muitos milagres?"
Então eu lhes direi claramente: "Nunca os conheci.
Afastem-se de mim vocês, que praticam o mal!"
—Mateus 7:7-23

UMA ORAÇÃO ORIENTADORA

Peçam, e lhes será dado; busquem, e encontrarão;
batam, e a porta lhes será aberta.

MATEUS 7:7

Quando criança, eu queria ser muitas coisas —, mas, quando cheguei na adolescência, desejava ser DJ numa casa noturna. Poupei e comprei alguns equipamentos. Aprendi a mixar, arranhar e a fazer outros truques que os DJs faziam. Montei minha coleção de músicas, aprimorei minhas habilidades e comecei a frequentar alguns clubes e ia bem nas competições. Quando tinha 19 anos, meu sonho leviano de ser DJ começava a se tornar realidade.

Aí, tornei-me cristão e logo entendi que casas noturnas não faziam parte dos planos de Deus para mim. Saí de cena, vendi meu equipamento e comecei a me perguntar o que Deus queria para minha vida. Eu não tinha a mínima ideia. Então, comecei a orar pedindo direcionamento.

Orei diligentemente por meses. Eu sabia que queria servir a Deus, mas não sabia como. Na escola eu era bom em artes, então pensei em estudar design gráfico. Eu tinha interesse em produção musical, então pensei em estudar isso também. Se fosse para servir como missionário, eu orava para saber para onde. No caso de Deus querer me usar onde eu trabalhava, também considerava opções aqui.

O primeiro vislumbre de direcionamento surgiu quando eu ouvi sobre uma rede de rádio cristã compartilhando o amor de Deus no estrangeiro. De repente, meu coração bateu ligeiro, o que foi uma surpresa, pois eu nunca tive interesse pelo rádio. Orei a respeito disso, mas não ouvi nenhuma voz do Céu, nem um sinal no Céu confirmando que eu deveria prosseguir nesse caminho. Dois anos depois, e ainda não tinha uma direção clara para minha vida.

Foi quando li as palavras de Jesus sobre pedir, buscar e bater. Jesus havia nos convidado ao Seu reino, nos dado um chamado, ensinado como amar e demonstrado o que era a verdadeira espiritualidade. Agora, neste ponto de Seu Sermão, Ele nos mostra como fazer boas escolhas num mundo de opções, distrações, tentações e falsos guias. O primeiro passo para esse direcionamento é a oração — com expectativa, persistente, uma oração dirigida a ação. "Peçam, e lhes será dado; busquem, e encontrarão; batam, e a porta lhes será aberta" (Mt 7:8). Foi quando eu entendi! A vida com Deus requer tanto a oração quanto a ação. Quando Isaque precisava de uma esposa, o servo de Abraão orou e começou a busca (Gn 24). Quando Neemias precisou de proteção, ele orou a Deus e colocou um guarda (Ne 4:9). Quando Jesus alimentou as multidões, Ele orou e distribuiu o pão (Mt 14:19-20). Eu havia orado por direcionamento, mas fiquei esperando no meu quarto por uma epifania. Orei, mas não agi. Pedi, mas não bati.

Então fiz algumas pesquisas, alguns telefonemas, escrevi algumas cartas e tive algumas conversas. Se aquele coração batendo forte era um sinal, eu deveria servir a Deus através da rede de rádio. Eu tinha que aprender sobre o rádio, obter algum treinamento bíblico e ter dinheiro para fazer ambos. Em uma das experiências de direcionamento mais memoráveis da minha vida, tudo isso aconteceu em um dia, depois daquelas semanas que coloquei a ação após as minhas orações.[48]

Jesus não nos diz para orar e esperar. Ele diz: peça, busque e bata — aja! O princípio se aplica a qualquer oração que fazemos e particularmente quando fazendo escolhas importantes para nossa vida. Como um amigo me disse certa vez: "Deus move um barco em movimento".

> Todos juntos planejaram atacar Jerusalém e causar confusão. Mas nós oramos ao nosso Deus e colocamos guardas de dia e de noite para proteger-nos deles.
>
> NEEMIAS 4:8-9

Você está buscando o direcionamento de Deus para alguma coisa?
Como você está colocando a ação após as suas orações?

Jesus **NÃO** nos diz
para orar e esperar.
Ele nos diz para **PEDIR**,
BUSCAR e **BATER** —
agir.

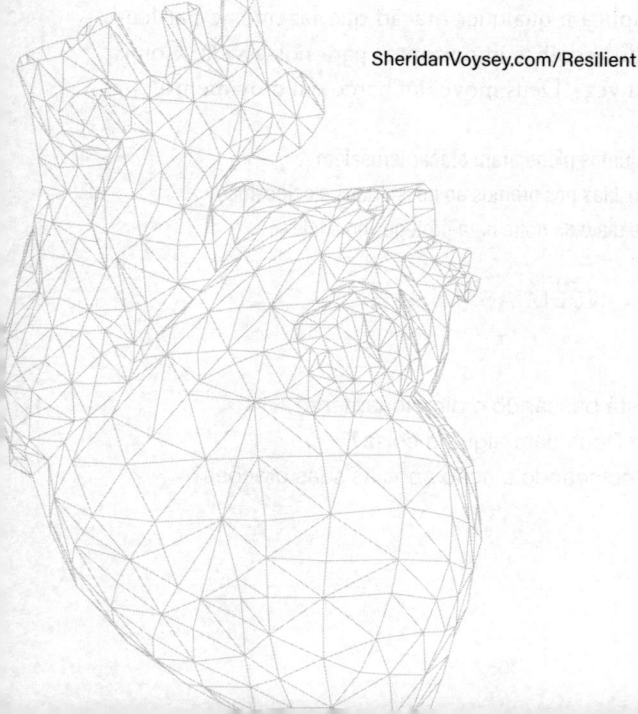

SheridanVoysey.com/Resilient

UM LIVRO ORIENTADOR

A tua palavra é lâmpada
que ilumina os meus passos e luz que
clareia o meu caminho.

SALMO 119:105

Certa vez, eu falava com um artista da palavra falada chamado Brett. A principal apresentação de Bret era recitar o livro de Marcos de memória, sem teleprompter ou outra ajuda qualquer. O evangelho de Marcos é considerado uma obra-prima nos círculos literários, e, usando a versão King James (equivalente à Almeida Revista e Corrigida), Brett conta sua história para públicos convencionais com cuidadosas ênfases, inflexões brilhantes e variando o ritmo. Ele declamou algumas de suas passagens favoritas para mim, e fiquei hipnotizado.

O que foi mais interessante é que, quando nos falamos, Brett estava se perguntando se deveria ter um "pastor ou padre" acompanhando-o em suas dramatizações. Perguntei-lhe por quê. "Bem", ele disse, "tem muita gente que vem depois das minhas apresentações me fazer perguntas espirituais e procurando conselhos, e eu simplesmente não sei o que fazer com eles".

Há algo de muito especial sobre os textos bíblicos que compõe as Escrituras cristãs. São 66 livros escritos por uma variedade de autores durante três milênios, construindo uma mensagem consistente. O número de gêneros literários que a Bíblia inclui é impressionante: história, no livro de Juízes; poesia, no livro de Cantares de Salomão; a música, no livro de Salmos; sabedoria, no livro de Provérbios; a justiça clama nos profetas; as narrativas, dos evangelhos; o conselho pastoral das cartas de Paulo; a profecia, no livro de Apocalipse. Na forma e no conteúdo, as Escrituras são um tesouro de beleza e verdade, intriga e drama, esperança e conforto, discernimento e direcionamento.

Quando Jesus se assenta para pregar o Seu Sermão, Ele o faz como uma pessoa moldada pelas Escrituras. Seu amor por elas começou cedo (Lc 2:46-47). Seus livros favoritos são Deuteronômio e Salmos.[49] Quando foi tentado, Ele citou as Escrituras (Mt 4:4,7). Quando foi abusado, Ele a reinterpretou (5:21-48). Recita-a quando começa sua missão e quando é crucificado (Lc 4:18-19; Mt 27:46). Quando lhe perguntaram sobre a vida eterna, Ele aponta para elas (24:27). Diz-nos que não veio para substituí--las, mas para cumpri-las. Desse modo, Jesus quer que sejamos moldados pelas Escrituras também.

Isso é importante quando buscamos fazer escolhas piedosas. As Escrituras são um registro do envolvimento de Deus no nosso mundo, uma revelação sagrada de Sua personalidade e de Seu plano. É um guia para nossos pés, uma luz para nossos caminhos e, quando guardada no nosso coração, nos ajuda a descobrir a vontade de Deus (Sl 119:1-16,105). Ao lermos as Escrituras, elas nos leem — expondo os desejos mais profundos de nosso coração para remodelá-los (Hb 4:12).

Como Brett descobriu, as Escrituras ressoam de uma maneira que nenhuma literatura faz. Quando ele as recita, corações seculares famintos formam fila para receber aconselhamento. Por isso, vamos ler as Escrituras, ponderar nelas, mergulhas nelas, orar nelas, criativamente compartilhar delas e permitir que elas nos moldem.

Faça isso e logo você ouvirá uma Voz falando com você através de suas páginas: "Este é o caminho; siga-o" (Is 30:21).

> Não se amoldem ao padrão deste mundo,
> mas transformem-se pela renovação da sua mente,
> para que sejam capazes de experimentar
> e comprovar a boa, agradável e perfeita vontade de Deus.
>
> **ROMANOS 12:2**

Quanta autoridade as Escrituras têm na sua vida?
Quão importante é a Bíblia no direcionamento de suas escolhas?

UM PRINCÍPIO ORIENTADOR

Vocês estudam cuidadosamente as Escrituras,
porque pensam que nelas vocês têm a vida eterna.
E são as Escrituras que testemunham a meu respeito...

JOÃO 5:39

Alguns anos atrás, tive um momento sério com relação a minha vida cristã. Depois de 15 anos de convertido e uma década de serviço cristão, entendi que não conhecia Deus muito bem. Claro que eu sabia que Deus era bom e santo e que Jesus havia morrido por meus pecados. Deus transformara a minha vida profundamente, mas será que eu realmente conhecia bem o Seu *caráter* — Sua personalidade?

Não tão bem quanto eu precisava. E qual a razão? A Bíblia, ou mais precisamente, minha abordagem a ela.

Durante os primeiros anos de ministério, li a Bíblia buscando por dicas de liderança. Eu trabalhava numa igreja, estava assoberbado e buscava desesperadamente por direcionamento para liderar e servir ao povo. Mais tarde, quando comecei a falar mais, eu lia a Bíblia buscando por dicas para o viver cristão. Daquela maneira, eu poderia falar com mais propriedade sobre fé e piedade. Não havia nada essencialmente errado com isso. A Bíblia é um ótimo lugar para encontrar dicas de liderança e tem muito a dizer sobre a vida cristã, mas, no meu pragmatismo de buscar por dicas e tópicos, perdi o mais importante: perdi Deus.

Os líderes religiosos hipócritas — aqueles sobre quem Jesus nos adverte em Seu Sermão — cometiam o mesmo erro, embora de um jeito mais sério. Eles estudavam rigorosamente as Escrituras por causa dos princípios e leis, mas tornaram as leis mais importantes do que o próprio Deus (Jo 5:39). Seu estudo não produziu amor em seu coração (5:42), e ficaram tão consumidos com Moisés que, quando ele indicou Aquele que estava diante deles, eles não o reconheceram (5:39,45-46). É interessante que seu problema não era estudar pouco a Bíblia. O problema foi falhar em ver Aquele que suas páginas revelavam.

As Escrituras são fundamentais para que façamos escolhas sábias e piedosas. Mas não podemos lê-las de forma errada. A Bíblia já foi usada para justificar a escravidão, o *apartheid*, a caça às bruxas e a misoginia, o racismo, a guerra e o consumismo em nome da "prosperidade". Podemos ler nela o que quisermos e perder o que está realmente ali. Então, como podemos lê-la melhor?

Em Seu Sermão, Jesus já havia nos dado um princípio orientador ao nos dizer que *Ele era* o cumprimento das Escrituras (Mt 5:17). A Bíblia é uma história, e uma história sobre Jesus. Deixemos as Escrituras nos falar sobre Ele, e Sua vida interpretar as Escrituras. É difícil justificar racismo com a Bíblia quando a vida e os ensinamentos de Jesus guiam nosso estudo.

Hoje em dia, leio a Bíblia de forma diferente. Não pergunto primeiro que princípios eu posso encontrar na passagem, mas o que ela me diz sobre Deus, a história que Ele está contando e quem eu devo me tornar como resultado disso. A Bíblia não é um livro de autoajuda, mas um guia para o conhecimento de Deus. Primeiramente, conheça-o profundamente e você vai encontrar todos os princípios que precisa.

> E começando por Moisés e todos os profetas,
> explicou-lhes o que constava
> a respeito dele em todas as Escrituras.
>
> **LUCAS 24:27**

O que você procura quando lê a Bíblia?
Como você pode evitar cometer o erro que eu cometi?

UM DEUS QUE OUVE

Se vocês, apesar de serem maus, sabem dar boas coisas
aos seus filhos, quanto mais o Pai de vocês,
que está nos céus, dará coisas boas aos que lhe pedirem!

MATEUS 7:11

Merryn e eu conhecemos Ali quando ela entrou para o nosso grupo de oração, às sextas-feiras à noite, buscando apoio para sua batalha contra o câncer. Logo ela se tornou uma amiga, começou a orar sozinha e a descobrir quem era Deus.

Ali tinha um gosto exótico para moda e decoração. Seu apartamento era cheio de fadas, penas, cristais e peças de antiquário baratas, mas elegantes. Passeando por um antiquário um dia, Ali se deparou com uma máquina de costura Singer antiga — aquela manual, montada numa mesa com um pedal para o pé. "Deus", ela orou, "eu gostaria tanto de ter algo assim para minha casa".

Deus ama dar presentes. Ele nos dá comida e alegria (At 14:15-17), Sol e chuva (Mt 5:45), perdão e vida eterna (Jo 4:10; Rm 6:23), o Espírito Santo e os dons espirituais (Lc 11:13; 1 Co 12). Em Seu Sermão, Jesus compara Deus Pai com os pais terrenos. Se eles — mesmo pecadores e egoístas — sabem como dar aos filhos coisas boas, quanto mais Deus! Jesus queria que soubéssemos que, quando oramos sobre uma escolha que temos que fazer, por uma necessidade que precisa ser suprida, nosso Pai nos ouve.

Mas há uma diferença bem grande entre pedir por uma necessidade e por uma máquina de costura, você não acha? Ali não estava orando por alimento, dinheiro para o aluguel, pela paz no mundo, nem mesmo pela salvação. Seu pedido era um desejo infantil para um Deus que ela começara a conhecer. Não estou bem certo quão séria era sua oração.

Alguns dias depois de sua visita ao antiquário, Ali saiu de casa para ir ao trabalho quando se deparou com um pilha de velharias ao lado da rua. Ela parou estupefata. Bem na sua frente estava uma linda máquina de costura Singer antiga, do tipo manual, montada numa mesa com um pedal para o pé. Nela estava grudado um papel que dizia: "Em perfeito estado — por favor, leve".

Ali finalmente perdeu sua batalha para o câncer, mas não antes de descobrir o Deus que ouve cada oração que sussurramos — um Deus que dá coisas boas aos Seus filhos e àqueles que estão no processo para tornar-se filhos.

> Ele inclinou os seus ouvidos para mim;
> eu o invocarei toda a minha vida.
>
> SALMOS 116:2

Que presentes Deus tem lhe dado ao longo dos anos?
Como essa história o relembra sobre a natureza de Deus?

UMA VOZ ORIENTADORA

Quer você se volte para a direita quer para a esquerda, uma voz atrás de você lhe dirá: "Este é o caminho; siga-o".

ISAÍAS 30:21

Durante um programa com participação do público por telefone, certa noite, explorei com meu público o tópico complicado sobre ouvir a voz de Deus. Perguntei:

—Deus fala diretamente conosco? Se Ele fala, como fala, e como podemos ter certeza de que é a Sua voz que estamos ouvindo e não os nossos próprios pensamentos ou sentimentos?

Maryanne foi a primeira a ligar.

—Há 15 anos, ouvi a voz de Deus falando comigo de forma audível, disse ela.

Aquilo chamou minha atenção.

—Eu estava participando do movimento chamado Nova Era naquela época. Estava desesperadamente solitária e um dia eu clamei a Deus pedindo ajuda.

—Que palavras você ouviu aquela voz lhe dizer?, perguntei

—A voz me disse para visitar uma igreja em particular. E aquela era a última igreja que eu pensaria visitar.

Maryanne então descreveu como obedecera à voz, visitara a igreja, fora apresentada à Bíblia e se tornara cristã.

Com curiosidade, eu lhe perguntei:

—Como era essa voz?

—Era forte e autoritária, mas também era bondosa e paternal.

Deus não fala em voz audível com as pessoas frequentemente. Embora Ele tenha falado com Moisés (Êxodo 3:4), Paulo (At 9:4), uma vez com Pedro, Tiago e João (Mt 17:1-5), mesmo nas Escrituras, a experiência parece rara. Mas a experiência de Maryanne não soa fiel ao caráter de Deus?

Sete séculos antes de Jesus, Isaías falava aos israelitas durante um tempo de calamidade. Eles haviam abandonado Deus e estavam agora colhendo as consequências. Porém Deus continuava desejando amá-los.

"Como ele será bondoso quando você clamar por socorro! Assim que ele ouvir, lhe responderá", disse-lhes Isaías. Ao seu clamor mais sincero, Deus lhes falaria, e a promessa era que ouviriam com seus próprios ouvidos (Is 30:21). Como resultado, eles rejeitariam os ídolos e as crendices que os levaram a desviar-se e retornariam ao Pai (30:22). Não é esta a história de Maryanne? Ela clama a Deus, ouve a voz que a levou a sair do erro espiritual e volta-se para o Pai por intermédio de Cristo.

A voz de Deus pode ser ouvida como um trovão (Jo 12:29), como um pensamento (At 20:22-23), como um sussurro (1 Rs 19:12), ou como uma voz humana (1 Sm 3:4).

—Acho que Deus nos fala principalmente através de Sua Palavra, disse Maryanne. —Mas, eu nunca me esquecerei dessa experiência.

O Pastor de nossa alma, que se assenta na montanha, diz que nós podemos esperar pela orientação divina quando a pedimos (Jo 10:27). Seja qual for o método que Ele use, preste atenção no tom da voz. Deus fala com uma voz forte, bondosa e autoritária.

> Depois de conduzir para fora todas as suas ovelhas,
> vai adiante delas, e estas o seguem, porque conhecem a sua voz.
>
> JOÃO 10:4

Quando você ouviu a voz de Deus pela última vez?
Como você discerne a voz de Deus
de seus próprios pensamentos e sentimentos?

UM PALAVRA OPORTUNA

Não apaguem o Espírito. Não tratem
com desprezo as profecias, mas ponham
à prova todas as coisas e fiquem com o que é bom.

1 TESSALONICENSES 5:19-21

Jeff Lucas é um pastor britânico e um autor conhecido por seu espirituoso senso de humor. Um dia, depois de falar numa conferência na Califórnia, uma mulher aproximou-se para falar com ele. Ela disse que, enquanto o ouvia, teve uma visão e acreditava que Deus queria que ela a compartilhasse.
—Enquanto você pregava hoje à noite, ela disse, eu vi Jesus.
—Você viu Jesus? — Jeff replicou, meio duvidoso. —O que Ele estava fazendo?
Jeff já ouvira muitas histórias de visões e era francamente cético.
—Ele estava rindo, Jeff — ela disse. —E estava batendo palmas e dançando. Jesus acha que você é muito engraçado. Ele gosta do que você faz.
Jeff julgou a mulher como sendo bondosa e genuína, mas provavelmente entusiasmada demais com as coisas espirituais. Ele saiu da conferência na Califórnia e voou direto para outro evento na Escócia. Depois de falar numa reunião noturna lá, outra mulher se aproximou dele e disse:
—Tive uma visão hoje à noite e eu acho que tenho algo que Deus quer que você saiba.
Jeff não havia compartilhado com ninguém as palavras que a mulher da Califórnia lhe dissera.
—Vi Jesus enquanto você pregava — a senhora escocesa disse. —Ele estava rindo e batendo palmas porque acha você muito engraçado e Ele quer acalmar você com essa notícia.
Jeff agora entende que essas eram as palavras que ele precisava ouvir.[50]
Como Jeff, muitas pessoas são céticas quando lhes dizem que têm "uma palavra de Deus" para eles. Os cristãos de Tessalônica pareciam céticos também, como Paulo teve que relembrá-los de não apagar o Espírito Santo zombando das palavras proféticas ditas em nome de Deus

(1 Ts 5:19-20). Contudo, eles também não deviam ser crédulos com todos os desejos bem intencionados disfarçados de "profecias". O conselho de Paulo é sábio: "mas ponham à prova todas as coisas e fiquem com o que é bom" (5:21). Como testamos, como colocamos à prova uma profecia? O que é dito deve ser confirmado pelas Escrituras e servir para nosso encorajamento, fortalecimento ou conforto, mesmo que seja corretivo (1 Co 14:3,24). Se for preditivo, deverá se tornar verdade. E, como Jeff experimentou, uma verdadeira mensagem de Deus frequentemente tem um "quê" de mistério nela.

Um casal que conheço estava andando pelo bosque, orando sobre se deveriam ir ao Vietnã como missionários. De repente, uma criança com uma arma de brinquedo saiu de trás de uma árvore. Fingindo ser um soldado, ele disse: "Alguém do Vietnã?", e saiu correndo de volta para seus amigos. O casal foi para o Vietnã!

Em Seu Sermão, Jesus nos encoraja a fazer escolhas através da ação em oração, sabendo que nosso Pai está pronto para nos guiar. Deus nos guiará através das Escrituras. Em algumas ocasiões raras, se dirigirá a nós diretamente e frequentemente fala pelos lábios de outra pessoa. Quando o que é compartilhado o honra e fala direto à sua necessidade com misterioso tempo ou clareza, escute atentamente. Deus ama nos guiar através de outros.

> Pelo Espírito, a um é dada a palavra de sabedoria;
> a outro, a palavra de conhecimento, pelo mesmo Espírito.
>
> **1 CORÍNTIOS 12:8**

> Você já zombou da ideia de Deus
> falar especialmente com as pessoas?
> Como você testa uma "profecia" que lhe é dada?

UMA PROMESSA RECONFORTANTE

Sabemos que Deus age em todas as coisas para o bem daqueles que o amam, dos que foram chamados de acordo com o seu propósito.

ROMANOS 8:28

Certa vez, uma mulher chamada Renee me procurou para aconselhamento. Ela e seu marido tinham tentando por anos começar sua família, mas sem sucesso. Depois de inúmeras rodadas de fertilização *in vitro* e vários anos esperando para adotar, eles estavam exaustos da provação e consideravam terminar sua jornada a dois. "Como se desiste de um sonho sem se lamentar quanto ao que poderia ter sido?", ela perguntou. Foi uma boa pergunta.

Quando comecei a lhe dar alguns conselhos, percebi que havia algo por trás da pergunta de Renee. Se eu não estava enganado, eu lhe disse, sua preocupação, na realidade, poderia ser expressa assim: "Se fizermos a escolha errada, nossas vidas serão arruinadas?". Renee concordou que esse era o seu temor mais profundo.

Todos nós temos esse temor quando estamos tomando decisões sobre o nosso futuro. Não é incomum termos a pergunta "e se" nos assombrando. "E se eu me matricular no curso errado?" "E se eu escolher a carreira errada?" "E se eu terminar o relacionamento e nunca mais encontrar o amor?" "E se na próxima rodada de fertilização *in vitro* começaríamos a nossa família?" Temendo que nossa vida seja arruinada por não fazermos a escolha perfeita.

Foi libertador para Renee descobrir que esse temor não precisa dominar nossa vida. Como Jesus logo dirá em Seu Sermão, nenhum de nós sabe do futuro (Mt 6:34). Nem devemos saber, ao contrário, somos chamados para andar com Deus, colocar nosso futuro em Suas mãos, viver de acordo com o Seu coração, ouvir a Sua voz, buscar a sabedoria dos outros e fazer as escolhas mais sábias que pudermos. Se acabarmos indo na direção errada, Ele pode nos corrigir (Pv 3:5-6). Se o sonho morrer antes do tempo de Deus, Ele pode ressuscitá-lo (Jo 11:23-44). Paulo diz que, neste mundo imperfeito, "Deus age em todas as coisas para o bem daqueles que o amam" (Rm 8:28). Se o amamos, Deus pode trabalhar até numa escolha errada que tenhamos feito na tapeçaria de nossa vida. Nem sempre Deus nos guia de maneira clara ou milagrosa. Até quando Ele o faz, nos dignifica como indivíduos livres colocando a responsabilidade de escolha em nossas mãos. Mas tudo que fazemos acontece dentro da Sua providência, que está tecendo o bom e o ruim em algo surpreendente. Essa promessa é reconfortante!

"Sua vida não vai se acabar se você escolher parar de tentar ter uma família", eu disse a Renee, depois de compartilhar algumas outras sugestões. "Confie em Deus para levá-la a um lugar novo, um momento novo, seja o que for que você decida."

> Se algum de vocês tem falta de sabedoria, peça-a a Deus,
> que a todos dá livremente, de boa vontade;
> e lhe será concedida.
>
> **TIAGO 1:5**

Com que frequência as perguntas "e se"
assombram suas decisões?
Como você pode confiar em Deus quando as coisas
não acontecem de acordo com o planejado?

UM ESPÍRITO CONVINCENTE

Mas quando o Espírito da verdade vier,
ele os guiará a toda a verdade.

JOÃO 16:13

Alguns anos atrás, passei o dia de Natal visitando uma prisão de segurança máxima com um grupo de Capelania Prisional. Nosso propósito era fazer que os detentos soubessem que eles não haviam sido esquecidos naquele dia de comemoração familiar. Fomos de cela em cela, de bloco em bloco cantando, entregando biscoitos e tentando encorajar os encarcerados com a mensagem do amor de Deus por eles.

Eu já fizera visitas semelhantes antes, mas, neste dia, algo especial aconteceu; foi no terceiro bloco quando o grupo começou a cantar "Preciosa Graça de Jesus". Nos blocos anteriores, os sagazes presidiários estavam relutantes em participar, mas ali quase todos os presidiários participaram. Alguns fecharam seus olhos para cantar com o coração, alguns começaram a chorar.

Um homem foi particularmente tocado. Kevin, nosso líder, caminhou até ele e colocou seus braços sobre seus ombros e ouviu sua história. Esse rapaz estava na sua terceira sentença, cada uma com acusações de abuso infantil, e ele negava cada uma delas, mas desta vez algo diferente estava acontecendo. Ele olhou para Kevin com o rosto humilde, mas resoluto, e declarou sua nova intenção. "A primeira coisa que vou fazer amanhã cedo é chamar meu advogado", disse ele. "Vou dizer-lhe que vou admitir minha culpa." Aquela decisão teve ramificações para seu futuro e para as vítimas dele.

Nós vamos enfrentar muitas decisões ao longo de nossa vida — sobre faculdades e carreiras, casar-se ou não, onde viver. Deus vai nos dar direção para cada uma delas. Mas escute o Sermão de Jesus e você vai descobrir que o interesse dele está em outra coisa: nas escolhas morais que faremos. Vamos amar as pessoas ou abusar delas? Condená-las ou perdoá-las? Retaliar ou reconciliar? Vamos esconder nossos pecados ou confessá-los? Nessas escolhas morais, Jesus diz que receberemos direcionamento também.

Algum tempo depois de pregar Seu Sermão, Jesus daria a notícia de que estava partindo deste mundo. Mas os Seus seguidores não deveriam sofrer, pois o Espírito tomaria Seu lugar (Jo 16:5-7). Esse Espírito nos encheria do Seu poder (At 1:8), nos guiaria na verdade (Jo 16:13) e convenceria nosso coração do certo e do errado (16:8). Ao sermos cheios do Espírito e ficarmos sensíveis a Ele, podemos esperar Sua ajuda quando enfrentarmos escolhas (Gl 5:25).

Uma vez, trabalhei com uma mulher chamada Maz, que fazia um canelone de forno de morrer de tão bom. "Você tem que comer minha sopa de ervilha com presunto também", ela disse certa vez, empurrando uma tigela para as minhas mãos. Não gosto de sopa de ervilha, mas levei para casa. Nos três dias seguintes, Maz me perguntava sobre a sopa — e, a cada dia, prometia que tentaria tomar na noite seguinte. Uma semana depois, a sopa ainda estava no refrigerador, intocada, quando Maz se aproximou de mim de novo.

—Você experimentou minha sopa de ervilha com presunto?, perguntou ela.

Um sinal de alerta ligou dentro de mim, mas o ignorei e respondi:
—Experimentei, estava uma delícia.

E algo aconteceu naquele instante — a convicção do Espírito, como uma pressão no meu peito e um nó no estômago. Tentei ignorá-lo o dia todo, mas somente encontrei paz quando eu confessei minha mentira para Maz e recebi seu perdão.

O Espírito visitou o bloco 3 daquela prisão e convenceu um homem de seus crimes. O Espírito me admoestou com relação à mentira e me fez confessar. Tudo isso é uma forma importante do direcionamento divino, pois o pecado escraviza tanto a pessoa que o comete quanto aqueles contra quem pecamos, mas a verdade liberta e o arrependimento nos libera.

Nas escolhas morais, atenda aos toques do Espírito.

Por isso digo: vivam pelo Espírito,
e de modo nenhum satisfarão os desejos da carne.

GÁLATAS 5:16

Como você responderá aos toques do Espírito Santo quando estiver enfrentando uma escolha moral?
Há alguma coisa que o Espírito quer que você confesse agora?

A REGRA DE OURO

Assim, em tudo, façam aos outros o que vocês querem
que eles lhes façam; pois esta é a Lei e os Profetas.

MATEUS 7:12

Quando enfrentamos uma escolha, recebemos alguma direção quanto a como decidir. Devemos pedir e "bater" em oração ativa, mergulhar nas Escrituras, ouvir a voz de Deus, estar atentos aos encorajamentos oportunos e aos estímulos do Espírito. Agora Jesus nos dá mais um instrumento para nos ajudar no processo de decisão: devemos ouvir os nossos próprios bons desejos.

Levando em conta que a maioria de nós é boa em amar a si mesmo, Jesus nos diz que podemos usar esse amor como base para amar os outros (Mateus 22:39). Muitos sabem do que precisamos e como desejamos ser tratados, então, nos alimentamos, nos vestimos e nos abrigamos nas nossas casas e desejamos ser amados, respeitados e aceitos. Até mesmo pessoas autodestrutivas sabem que o abuso infligido por elas mesmas não é o que realmente necessitam. Assim, Jesus transforma o impulso de autocuidado humano em um brilhante princípio ético: "Façam aos outros o que vocês querem que eles lhes façam" (7:12).

Há algumas decisões que Deus quer que façamos por nós mesmos. As Escrituras podem não estar acessíveis, podemos não sentir a voz de Deus claramente, mas carregamos nossas necessidades e desejos para onde formos. Como Jesus diz em Seu Sermão, podemos usá-los como guias sobre como tratar os outros, extraindo de nossas experiências as dicas.

Lembra-se do seu primeiro emprego, quando você ainda aprendia a sua função? O que você precisava dos clientes naquele tempo? Provavelmente paciência e cortesia, não frustração e grosserias. Então, trate a nova funcionária no caixa da mesma maneira.

Você é um gerente com responsabilidades. O que você precisa de seus funcionários? Provavelmente honestidade, diligência, pontualidade e graça. Então, torne-se esse tipo de pessoa para aqueles que o gerenciam.

Lembre-se do tempo quando você estava sofrendo. O que você precisava das pessoas? Provavelmente não necessitava de conselhos agressivos ou de respostas simplistas, mas seu cuidado, orações e assistência prática. Deixemos que essa sabedoria nos guie no serviço aos outros.

Talvez você tenha alguma vez duvidado da existência de Deus. Do que você precisa no momento assim? Provavelmente não de admoestação para o arrependimento, ou de reafirmação vaga, mas de ajuda para trabalhar com suas questões. Ofereça esse tipo de ajuda também.

Você perdeu alguém próximo. O que você mais desejava? Provavelmente não queria ouvir clichês como: "Deus precisava de mais um anjo" ou "Você é jovem, pode casar-se de novo", mas da compaixão, das lágrimas e da presença de alguém. Traga esses presentes para os enlutados e sofredores.

Você alcançou o sucesso. O que mais você deseja agora? Não o silêncio dos amigos ou a inveja dos colegas, mas alguém com quem celebrar (Rm 12:15). Então, quando um amigo tem uma vitória, seja o primeiro a gritar: "Uhu!". Isso é provavelmente o que ele mais precisa também.

Jesus não foi o primeiro a citar a regra de ouro. Confúcio ensinou uma regra similar anteriormente e há paralelos em outras religiões. Mas Jesus a afirma como uma verdade universal, parte da sabedoria que Ele está tecendo no mundo (Pv 8; Jo 1:1-4; Cl 1:16-17). Ele diz que a regra de ouro resume toda a ética da Bíblia em uma frase. No cerne dela, está a prática da empatia — colocar-se no lugar do outro e agir de acordo.

Então, sonde seu coração, explore suas experiências, escute aos seus bons desejos, imagine-se no lugar do outro. Esses todos são recursos ricos de direcionamento para se fazer a escolha certa.

> Alegrem-se com os que se alegram;
> chorem com os que choram.
>
> **ROMANOS 12:15**

Como você pode aplicar a Regra de Ouro
a uma escolha moral que está enfrentando agora?
Você acha que a Regra de Ouro pode falhar? Se sim, como?

Assim, Jesus **TRANSFORMA** o impulso de autocuidado humano em um brilhante princípio ético:

"Façam aos *outros* o que vocês querem que eles lhes façam."

SheridanVoysey.com/Resilient

UM SILÊNCIO OCASIONAL

Eles estavam usando essa pergunta como armadilha, a fim de terem uma base para acusá-lo. Mas Jesus inclinou-se e começou a escrever no chão com o dedo.

JOÃO 8:6

Podemos celebrar a bondade de Deus em tempos de orações respondidas ou de direcionamento dramático — como máquinas de costuras caindo do céu para pessoas, como Ali, quando ouvimos a voz de Deus, como Maryanne, ou quando recebemos a mesma mensagem de duas pessoas que não se conhecem, como aconteceu com Jeff. Mas uma hora ou outra devemos enfrentar o silêncio de Deus também. Israel o experimentou (1 Sm 3:1). Jó experimentou (Jó 23:1-9). Asafe também (Sl 77:1-9). Davi orou durante sua própria experiência: "não fiques indiferente para comigo" (28:1). "Por que te escondes em tempos de angústia?"(10:1).

De fato, Deus *escolhe* manter-se em silêncio em certos momentos de nossa vida. O que Ele faz nesses momentos? Um evento na vida de Jesus pode nos dar algumas dicas.

Nós o encontramos, nessa ocasião, parado e olhando para o chão. Não está no monte dessa vez, mas ensinando no templo. Ele havia falado bastante até agora. Quando chegou, assentou-se, falou do reino de Deus e encantou todos com Suas palavras, como sempre. Agora Ele está quieto. Tudo o que faz é escrever na areia.

As pessoas ao Seu redor não estão em silêncio. Algumas gritam com Ele: "Na Lei, Moisés nos ordena apedrejar tais mulheres. E o senhor, que diz?" (Jo 8:5). Mas Jesus está tão silente quanto a mulher envergonhada, que treme seminua diante deles todos. Ela está curvada também de vergonha, mas Ele só faz aqueles desenhos no chão sem dizer uma palavra.

Finalmente, Jesus quebra o silêncio. "Se algum de vocês estiver sem pecado, seja o primeiro a atirar pedra nela" (Jo 8:7). Então, Ele volta-se para o chão novamente, sem uma palavra mais uma vez. Silêncio, algumas poucas palavras e silêncio de novo.

Um a um, a multidão foi se desfazendo, aquelas poucas palavras de Jesus ecoaram alto em seus ouvidos, até que só sobraram Ele e a mulher. Mais tarde, Ele ficará silente novamente durante um outro tempo de tensão, mas naquele momento é Jesus quem estará envergonhado e tremendo. Chamado diante de Pilatos, permanecerá em silêncio depois da pergunta desse governante até que as poucas palavras que ele falar tocarão fundo na alma de Pilatos (19:8-12).

Perguntamo-nos o que Deus está fazendo durante esses períodos de silêncio? Preparando as respostas às nossas orações? Talvez. Testando a profundidade de nossa devoção? Provavelmente. O silêncio de Deus tem um jeito de nos provar, para saber se nós o queremos ou somente as Suas bênçãos. Mas o encontro de Jesus com a mulher pega em adultério nos mostra isto sobre o silêncio de Deus: Jesus pode não ter falado, mas Ele estava lá. O silêncio divino não significa ausência de Deus. Suas longas pausas eram para se certificar de que Seu público realmente ouvira o que Ele havia dito.

Deus quebra o silêncio. Por fim, Ele falou com Israel e com Jó (1 Sm 3:4-10; Jó 38). O dia finalmente raiou para Asafe e para Davi (Sl 77:10-20; 28:6-9). Podemos nunca saber por que Deus permanece silente com relação aos nossos pedidos, mas Seu silêncio pode ser um toque para refletirmos mais profundamente naquilo que Ele já nos tem falado.

Olha para mim e responde, Senhor meu Deus.
Ilumina os meus olhos, do contrário dormirei o sono da morte.

SALMO 13:3

Como você interpreta o silêncio de Deus em sua própria vida?
O que Deus lhe disse ultimamente
que você precisa lembrar ou agir sobre isso?

UMA ESTRADA PERIGOSA

Como é estreita a porta, e apertado o caminho
que leva à vida! São poucos os que a encontram.

MATEUS 7:14

Somos a geração da opção. Não experimentamos a fome, só temos de escolher se queremos um *Whopper* ou um *Big Mac*. Não temos falta de roupas, só o tempo para experimentar todos os estilos disponíveis. Podemos escutar qualquer música, assistir qualquer filme e ler qualquer livro com um toque na tela. Podemos selecionar qualquer estilo de vida que quisermos, selecionar e escolher nossas crenças e deixar nossa opção em aberto até que algo melhor apareça.

As próximas palavras de Jesus em Seu Sermão batem forte na gente. Ele não expande nossas opções, Ele as limita. Chama-nos para esta ou aquela escolha, não para a indecisão. Há somente dois caminhos na vida, Ele diz, e precisamos escolher um deles. A estrada que tomarmos agora determinará nosso destino futuro (Mt 7:13-14).

Jesus descreve os dois caminhos vividamente. Um largo, barulhento e superlotado (7:13), sua popularidade é devida a sua falta de limites. É o caminho "onde tudo pode", onde o egoísmo e a ambição egoísta triunfam, da liberdade sexual e das promessas sem compromisso. Você pode dizer o que quiser nesse caminho porque é o caminho do "ser verdadeiro para mim mesmo". Fazer o bem visando o benefício próprio e os tesouros coletados ao longo do caminho deixam pouco espaço para Deus. É fácil caminhar pela estrada larga, e os nossos desejos naturais são nossos condutores.

A outra estrada é estreita, tão pequena que muitos passam por ela sem percebê-la. Este é o caminho da vontade e da aspiração de Deus (7:21), de promessas firmes e de restrições sexuais (5:33-37;27-32). É o caminho da reconciliação, de dar a outra face, de fazer o bem independentemente de ganho pessoal (5:21-26;38-48; 6:1-4). É o caminho da espiritualidade verdadeira e do amar a Deus acima dos bens (6:5-34). O caminho estreito é mais difícil, vai contra a nossa natureza.

O caminho largo nos faz sentir livres de início, mas os sentimentos podem ser enganosos. Gritamos: "Sou livre! Sou livre!" ao longo do caminho, mas o ponto final é a destruição (7:13). A estrada estreita parece apertada no início, mas as impressões podem ser enganosas. Nós diminuímos nossa bagagem para poder passar pelo portão e, por isso, andamos mais leves e mais livres para chegarmos à vida eterna (7:14).

Jesus aqui aponta para a escolha mais importante de nossa vida. Ele é o caminho para a vida eterna. Não há outro caminho (Jo 14:6), e devemos escolher definitiva e precisamente se vamos segui-lo. Essa é uma pergunta que respondo com "Sim" ou "Não". Não podemos deixar nossa opção em aberto. Jesus nos falou o suficiente em Seu Sermão, para que soubéssemos onde estávamos nos metendo.

Sim, Jesus está falando sobre Céu e inferno aqui, mas não somente em termos futuros. A vida e a morte das quais Ele fala são experimentadas agora, dependendo da nossa decisão (7:24-27). Se escolhermos o caminho estreito, a vida eterna entrará em nossa vida agora. Se escolhermos o caminho largo, a escuridão descerá sobre nós. Então, o que foi começado agora se completará mais tarde, seguindo uma ou outra estrada, chegando ao nosso destino final.

O caminho estreito é difícil, mas o caminho largo é perigoso. Uma escolha tem que ser feita — seguir a Jesus ou não. E ela deve ser feita agora.

> Eu sou a porta; quem entra por mim será salvo.
> Entrará e sairá, e encontrará pastagem.
>
> JOÃO 10:9

Que caminho você escolheu?
Você seguirá a Cristo hoje, mesmo que isso seja impopular?

VOZES PERIGOSAS

Ele foi homicida desde o princípio e
não se apegou à verdade, pois não há verdade nele.

JOÃO 8:44

Vasculhando uma loja de produtos de segunda mão, um dia me deparei com um livro do Paulo Coelho: *O Diário de um Mago* (Ed. Paralela, 2017). Nele, Coelho conta a história do famoso Caminho de Santiago, uma rota, entre a França e a Espanha, para peregrinos que buscam um sentido para a vida. Como me interesso por peregrinações, comprei o livro. Mas eu não estava preparado para o que li.

Coelho se une a um guia que o acompanha no caminho e lhe dá conselhos. "Há basicamente duas forças espirituais do nosso lado", diz o guia a Paulo no início da caminhada, "um anjo e um demônio. O anjo sempre protege e é um presente divino... O demônio é um anjo também, mas ele é uma força livre e rebelde". Sabendo que Coelho e seu guia não tinham uma base cristã, perguntava-me para onde essa discussão sobre realidades espirituais levaria.

Depois de reconhecer a astúcia do diabo, o guia continuou dizendo a Coelho que o diabo sabe muito sobre o mundo e pode, portanto, ser um bom mensageiro de informações. "O único jeito de lidar com nosso mensageiro é aceitá-lo como amigo — ouvindo seu conselho e pedindo sua ajuda quando necessário",[51] ele disse. O livro dá instruções aos seus leitores sobre como fazer contato com seu demônio pessoal.

Não consegui ler adiante. Precisamos ser claros aqui: o diabo e seus companheiros demoníacos não são mensageiros, nem precisam de amigos, mas são forças às quais devemos resistir (Tg 4:7). O diabo não possui a verdade, mas é um mentiroso no seu cerne (Jo 8:44). Embora ele possa se apresentar como benevolente, é só um disfarce (2 Co 11:14). Muito longe de querer o nosso bem, ele quer a nossa morte (Jo 10:10).

Coelho não está sozinho em sua abertura para a orientação perigosa. Uma autora, que se dizia cristã, me contou que uma vez consultou um médium espírita após a morte de seu pai. Sofrendo com sua perda, ela queria a confirmação de que ele estava num lugar melhor. Outros que se envolveram com essas coisas confirmam as advertências de Jesus. O que no começo parece inofensivo vai escurecendo com o tempo até que a pessoa fica escrava do espírito e de suas revelações. Como Jesus fala a uma multidão acostumada a viajar a pé, Ele diz que o caminho largo é popular, mas no final é perigoso. Vozes perigosas nos chamam, seja por qual caminho formos. Não temos que visitar um médium espírita para ouvir essas vozes — elas podem ronronar com tentação, cochichar condenação ou prometer nos contar segredos através de todos os tipos de mensageiros. Mas nós vamos ignorá-las. Seguindo o exemplo de Jesus, nos voltaremos para as Escrituras (Mt 4:1-11) e vamos nos familiarizar com Sua voz de forma que a discerniremos de todas as demais (Jo 10:14-16).

E não nos deixes cair em tentação, mas livra-nos do mal.

MATEUS 6:13

Quais outros tipos de orientação devemos evitar?
Que conselho você está ouvindo
que, no final das contas, é enganoso?

PROFETAS PERIGOSOS

Cuidado com os falsos profetas.
Eles vêm a vocês vestidos de peles de ovelhas,
mas por dentro são lobos devoradores.

MATEUS 7:15

Jesus mencionara os religiosos hipócritas que põem máscaras e fazem um show teatral para receberem aplauso. Agora, Ele adverte sobre um outro grupo com intenções ainda mais sinistras. Como os hipócritas, eles usam um disfarce também, mas, enquanto os hipócritas desejam atenção, esses impostores devoram vidas. Hipócritas são deploráveis, esse outro grupo é perigoso.

Jesus os chama de "falsos profetas" e de "lobos devoradores" (Mt 7:15). Vestindo-se de ovelhas, eles se misturam ao rebanho e esperam a oportunidade de obter o que querem. Dizem que são líderes cristãos, contudo Jesus não os conhece (7:23). Até fazem milagres, mas o Espírito Santo não está com eles (7:22). Eles dizem que falam por Deus, porém ignoram a vontade do Pai (7:21).

Cristo nos ensina como detectá-los. Alguns desses perigosos profetas ensinarão heresia ou simularão predições (Dt 13:1-4; 18:21-22), mas Jesus diz que devemos testá-los primeiramente por suas ações. O comportamento revela o coração, do mesmo modo que uma fruta revela sua árvore (Mt 7:16-17). Os lobos usam a igreja para obter dinheiro, sexo ou poder, e esses motivos vão aparecer no que eles pensam, dizem ou fazem.

Havia um curandeiro, há alguns anos, que acumulou riqueza e fama por causa de sua habilidade "sobrenatural" de revelar nomes, endereços e enfermidades de pessoas que se reuniam em suas conferências em estádios. Descobriu-se que sua esposa lhe dava informações através de um receptor auricular. Muitos televangelistas tinham estilos de vidas pródigos por causa das doações de doentes e pessoas solitárias que entregavam seu dinheiro em troca de prometidas "curas milagrosas". Abusadores de crianças se tornaram professores de escola dominical para terem acesso às suas presas. Líderes de seitas mulherengos têm manipulado suas seguidoras para benefício pessoal. Que tristeza ver as advertências de Jesus sendo tão necessárias!

Muitos lobos têm se misturado ao Seu rebanho. O apóstolo Paulo lidou com lobos e notou certas características neles. Eles torcem o evangelho e dizem mentiras para ganhar dinheiro. São arrogantes, enganadores e desdenham a autoridade; são propensos à lascívia e ao adultério. Induzem os vulneráveis a pecar, se vangloriam, gabam-se de si mesmos (2 Pe 2:1-18). Devemos ter cuidado com essa gente, nos diz Jesus.

Entretanto devemos também saber quem *não é* lobo. Eles não são líderes perfeitos. Paulo e Barnabé brigaram (At 15:36-40), Pedro precisou de correção (Gl 2:11-16) e Apolo precisou ter sua teologia corrigida (Gl 2:11-16). Um líder de igreja não é um falso profeta por causa de sua teologia imperfeita, ou mesmo por causa de um erro moral. O falso profeta é condenado por atacar as ovelhas e quebrar a lei de Deus (Mt 7:21,23), que Jesus diz que é amar a Deus e ao próximo. Os lobos não abusariam do rebanho se eles fossem pessoas de amor.

Os líderes cristãos, pastores, professores e profetas devem pastorear o rebanho de Deus, não o usar para seus interesses pessoais, comerciais ou políticos (At 20:28-31). E eles são os primeiros a serem pessoas de caráter, não de carisma ou sucesso (1 Tm 3:1-13). Sigam essas pessoas, diz Jesus em Seu Sermão, mas fiquem longe dos profetas perigosos.

Eu sou o bom pastor.
O bom pastor dá a sua vida pelas ovelhas.

JOÃO 10:11

Como você escolhe os líderes que vai seguir?
Como você testará um líder cristão de agora em diante?

ESCOLHAS PERIGOSAS

Se vocês me amam,
obedecerão aos meus mandamentos.

JOÃO 14:15

A pressão sobre James e Anne começou assim que souberam que estavam grávidos de seu segundo filho. Vivendo na China comunista, sob a política de um filho por família, eles sofreriam discriminação e penalidades financeiras se continuassem com a gravidez. A mensagem que receberam era bem clara: "Vocês precisam abortar", o governo disse.

A pressão se intensificou quando os exames do bebê revelaram que ele tinha sérios defeitos cardíacos. "Vocês precisam abortar", disse o médico. Num país onde crianças deficientes são rotineiramente abandonadas, onde o acesso ao serviço de saúde é limitado e pouco suporte existe para os deficientes, parece irracional fazer qualquer coisa diferente.

Depois começou a pressão da família. James e Anne não poderiam custear a criação de uma criança com necessidades especiais — e uma criança especial traria um estigma sobre todos eles. "Vocês precisam abortar", disse a família. Na cultura chinesa, ir contra o desejo dos pais é envergonhá-los. James e Anne sentiram o peso de uma decisão que eles tinham que tomar. O governo, seu médico, sua família e sua cultura — poucos de nós sabem a pressão que James e Anne sentiram com relação ao seu bebê não nascido. Mas nós também enfrentamos escolhas difíceis, sejam questões de vida e morte ou somente as tentações que enfrentaremos para viver de forma contrária à vontade de Jesus. Quando o desafio vem, somos guiados pela cultura ou pelas Escrituras? Enquanto outros gritam, nós obedeceremos somente à voz de Deus? Quando o caminho largo nos acena, escolhemos o caminho estreito?

"Não abortaremos", James e Anne disseram ao seu governo, médico, família e cultura. "Mesmo que ela seja deficiente, nossa filha é um presente de Deus e criada à Sua imagem."

Anne chegou ao hospital para ter a bebê. As enfermeiras sugeriram o aborto da criança enquanto a levavam na cadeira de rodas para a sala de parto. Mas a pequenina Chen Yu chegou ao final da gravidez e nasceu em segurança. James e Anne tiveram sete semanas com ela antes que ela morresse.

A escolha corajosa deles teve seus efeitos. Seu médico foi tão tocado por sua fé, que os usou como exemplo ao falar aos estudantes de medicina, pois viu um casal que obedeceu a uma "autoridade maior" do que o governo, a família ou a cultura. "Se todos os pais tratassem seus filhos como vocês fizeram, teríamos uma nação diferente", disse-lhes o médico.

Nem sempre é fácil escolher o caminho de Cristo, como Ele disse em Seu Sermão, o caminho estreito pode ser solitário, pois anda-se em sentido contrário ao da multidão. Mas Seu chamado é firme: "Se vocês me amam, obedecerão aos meus mandamentos" (Jo 14:15). Mesmo que isso signifique desobedecer à família, mesmo quando o mundo estiver contra você.

É por meio de escolhas corajosas e fiéis que vidas são transformadas — e até nações inteiras.

> Vivam entre os pagãos de maneira exemplar
> para que, naquilo em que eles os acusam de praticarem o mal,
> observem as boas obras que vocês praticam
> e glorifiquem a Deus no dia da sua intervenção.
>
> 1 PEDRO 2:12

Como você tem sentido pressões culturais
para desobedecer a Jesus?
Como você pode seguir o exemplo de James e Anne?

UM CORAÇÃO CORAJOSO

Mas Jesus imediatamente lhes disse:
"Coragem! Sou eu. Não tenham medo!".

MATEUS 14:27

Pense por um momento nas escolhas fundamentais que Jesus teve que fazer em Sua vida — deixar o esplendor do Céu para vir à Terra dilacerada por conflitos, ficar solteiro pelo bem do reino de Deus, começar uma missão para transformar o mundo com pouco apoio prático, dizer "Não" para o diabo quando este lhe ofereceu prestígio e poder; dizer "Sim" à vontade do Pai, quando isso significava Sua morte e aceitar a coroa de espinhos, as chicotadas em Suas costas e os pregos em Seu corpo quando milhares de anjos poderiam vir resgatá-lo.

Agora imagine Jesus escolhendo de forma diferente em cada situação. Imagine-o recusando-se a nascer numa aldeia de camponeses, escolhendo se acomodar em vez de cumprir Seu chamado, dizendo "Não" à vontade de Deus porque o preço era muito alto ou "Sim" à oferta diabólica de poder terreno. Imagine não haver salvação para nós, nem esperança para o mundo e toda a realidade dissolvendo-se no inferno quando Jesus morde a isca do diabo. Isso faz você estremecer. Ele pode ser Deus em forma humana, mas Jesus tem uma escolha real em cada caso. Suas decisões corajosas mudaram tudo.

Também teremos que ter coragem se quisermos tomar decisões moldadas por Jesus, que honrem a Deus, que influenciem a história. É necessário ter coragem para obedecer às Escrituras, ouvir a voz de Deus, seguir as dicas do Espírito e escolher o caminho estreito. Então, Aquele que ouve (Jo 14:10), obedece (Lc 4:16-21), segue (Mt 4:1-25) e escolhe bravamente (26:42), vem a nós e diz: "Coragem! Sou eu. Não tenham medo!" (14:27; 10:28-31; 17:1-7). Nós também podemos escolher corajosamente porque Ele está ao nosso lado até o fim dos tempos (28:20).

Aqueles que levaram Jesus a sério mudaram a história. Martinho Lutero confrontou bravamente a igreja corrupta e acabou por reformá-la. William Wilberforce enfrentou ameaças de morte, mas conseguiu acabar com o comércio legal de escravos. Elizabeth Fry transformou as prisões imundas da Inglaterra. Martin Luther King Jr. mudou as relações raciais para sempre. Irena Sendler contrabandeou crianças judias para fora da Polônia para salvá-las do Holocausto de Hitler. David Wilkerson levou o evangelho para as gangues de Nova Iorque. Jackie Pullinger levou o evangelho para os viciados de Hong Kong; John Smith, para os motociclistas fora da lei da Austrália. E hoje os cristãos do norte de África, do Oriente Médio e de outros lugares imprevisíveis arriscam suas vidas por pregarem o evangelho. Os seguidores de Jesus têm mudado o mundo — e continuam a mudar — fazendo escolhas corajosas em resposta ao coração, à voz e à vontade de Deus.

A grande ideia em tudo isso é que a vida semelhante à de Jesus conduz à resiliência. Ignore a oração ativa e a Regra de Ouro, escolha o caminho largo em vez do estreito, empreste seus ouvidos a vozes e profetas perigosos e você nunca encontrará resiliência. Escolhas piedosas levam a vidas fortes. Colhemos o que plantamos (Gl 6:7-10).

Mas, por definição, a resiliência requer oposição. Alguma coisa não pode voltar à forma que possuía sem primeiro ter sido deformada. Tanto a vida de Jesus como a dos santos mostram que é, frequentemente, por seguir o caminho estreito de Deus que atraímos dificuldades (Mt 5;11). Mesmo assim, Jesus oferece algo que ninguém pode igualar: resiliência que não está confinada às fronteiras do tempo. Podemos pagar um alto preço por seguir a Jesus — talvez o preço seja a nossa vida —, mas o que se perde nesta vida será recompensado na próxima (5:12).

Então, pedimos, buscamos e batemos sabendo que Deus está conosco. E construímos nossa vida sobre escolhas corajosas.

> Estejam vigilantes, mantenham-se firmes na fé,
> sejam homens de coragem, sejam fortes.
>
> **1 CORÍNTIOS 16:13**

Como você se descreve naturalmente: corajoso ou naturalmente tímido? Como a promessa de Jesus de estar conosco até o fim o encoraja?

PARTE 6
Sua Vida Resiliente

Todas as tristezas
podem ser carregadas se você puder
colocá-las numa história.

ISAK DINESEN[52]

Portanto, quem ouve estas minhas palavras e as pratica é como um homem prudente que construiu a sua casa sobre a rocha. Caiu a chuva, transbordaram os rios, sopraram os ventos e deram contra aquela casa, e ela não caiu, porque tinha seus alicerces na rocha. Mas quem ouve estas minhas palavras e não as pratica é como um insensato que construiu a sua casa sobre a areia. Caiu a chuva, transbordaram os rios, sopraram os ventos e deram contra aquela casa, e ela caiu. E foi grande a sua queda.

Quando Jesus acabou de dizer essas coisas, as multidões estavam maravilhadas com o seu ensino, porque ele as ensinava como quem tem autoridade, e não como os mestres da lei. —Mateus 7:24-27

DAS PALAVRAS ÀS AÇÕES

Portanto, quem ouve estas minhas palavras
e as pratica é como um homem prudente
que construiu a sua casa sobre a rocha.

MATEUS 7:24

Nos últimos anos, pesquisadores começaram a investigar os fatores que levam à resiliência humana. Depois de um trauma físico, emocional ou espiritual, o que ajuda alguém a se recuperar ao invés de sucumbir? Os estudos sugerem que há quatro fatores principais.

O primeiro fator é a aptidão emocional, a capacidade de ampliar emoções positivas como paz, gratidão, esperança ou amor, enquanto gerencia as negativas como amargura, tristeza ou raiva. O segundo é a aptidão familiar, ter casamentos e relacionamentos fortes construindo confiança, gerenciando conflito e estendendo perdão. O terceiro é a aptidão social, ter boas amizades e bons relacionamentos de trabalho desenvolvendo empatia e inteligência emocional. E o quarto é a aptidão espiritual, definida como um senso de significado e propósito que vem de servir a alguém maior do que nós mesmos.[53]

Não demora muito para que vejamos que o Sermão de Jesus nos fortalece em todas as quatro áreas. Somos fortalecidos emocionalmente sendo os "abençoados" que são confortados em nosso luto, cuidados pelo Pai, recebendo esperança para o futuro e equipados para administrar a raiva e a preocupação. Somos fortalecidos nos relacionamentos, vivendo com fidelidade, perdão, honestidade e graça. Somos fortalecidos socialmente, vivendo a Regra de Ouro, a melhor maneira de desenvolver empatia. E somos fortalecidos espiritualmente, servindo Aquele que é maior que tudo, que nos dá a missão de ser sal, luz e amor no mundo.

Deixe-me dizer uma coisa: nós não desenvolvemos resiliência somente ouvindo ou lendo sobre ela. Desenvolvemos resiliência através da ação. Descobertos os fatores que nos levam a ela, os colocamos em prática e desenvolvemos nossa aptidão. Agora Jesus diz o mesmo: Não é suficiente ouvir Seus ensinamentos ou mesmo crer que são verdadeiros. Devemos colocá-los em prática (7:24-27).

A maioria dos cristãos de hoje tem uma oportunidade sem precedentes para ouvir as palavras de Jesus. Podemos descer a rua e encontrar uma igreja ou baixar horas e horas de sermões do nosso pregador favorito. Podemos ler a Bíblia em nossa própria língua, em várias versões; podemos comprá-la com capa mole, letras vermelhas ou edições mais finas; ouvir gravações da Bíblia ou assistir a dramatizações. Podemos assistir ao Natal na TV, ouvir música cristã no rádio, ler blogs cristãos, baixar música cristã; comprar calendários, camisetas, canecas e ímãs de geladeira adornados com versículos bíblicos para sermos imersos na Palavra. Mas Jesus diz que tudo conta como nada se não agirmos segundo o que ouvimos.

A resiliência é provada em tempos de dificuldades. Quando a chuva vem em torrentes, as águas de inundação sobem e os ventos batem contra nós, recuperamo-nos ou sucumbimos? A chuva certamente virá — temporais de perda, traição, enfermidade, tragédia, ataques à nossa fé ou dificuldades menores —, e o tempo para desenvolver força é antes que as primeiras gotas caiam. Jesus diz que aqueles que escutam, mas não agem de acordo com Suas palavras constroem sua vida na areia. Sem uma fundação adequada, eles vão ter problemas. Mas aqueles que agem segundo as palavras de Jesus constroem uma base para sua vida que resistirá aos ventos mais violentos (7:26-27).

Para muitos de nós, escutar outro sermão ou ler outro livro cristão é a última coisa que precisamos fazer. Pare o podcast, feche o livro (mesmo que seja este). Vá e aja! Transforme as palavras de Jesus em obras. Faça o que o Sermão o está chamando para fazer.

> Sejam praticantes da palavra,
> e não apenas ouvintes, enganando-se a si mesmos.
>
> **TIAGO 1:22**

Você acha que "crer" é só conhecimento, em vez de agir?
Que parte do ensinamento de Jesus você tem evitado pôr em prática?

DA DOR À FORÇA

Caiu a chuva, transbordaram os rios,
sopraram os ventos e deram contra aquela casa,
e ela não caiu, porque tinha seus alicerces na rocha.

MATEUS 7:25

"Nossa vida começou a desmoronar quando minha filha se suicidou", uma mulher me disse durante o cafezinho numa conferência. "Depois, nossa segunda filha começou a se mutilar. Vários meses depois, descobrimos o porquê: durante o tempo em que meu esposo e eu éramos missionários na África, dois de nossos três filhos tinham sido abusados sexualmente, numa escola dirigida pela missão. Nós havíamos entregado nossas vidas ao serviço do Senhor. Não estaríamos seguindo Sua vontade? Por que Ele não nos protegeu?"

Mais tarde, naquele dia, um homem contou-me sua história. "Minha esposa e eu adotamos duas crianças das Filipinas e agora descobrimos que uma tem autismo. Ela fica violenta e grita pondo sua raiva para fora e em cima da minha esposa. Nosso casamento está sob pressão porque discordamos quanto ao modo de lidar com ela. Não estávamos sendo fiéis cuidando dos órfãos?", ele perguntou. "O que fizemos para merecer uma criança que chuta nossas paredes?"

Ouvi outras histórias parecidas com essas naquela conferência — pessoas que tinham dado tudo para servir a Deus e agora enfrentavam as mais difíceis provações. Eles se perguntavam por que as coisas tinham dado errado.

Jesus não é um sagaz palestrante motivacional, vendendo fórmulas de sete passos para a felicidade num piscar de olhos. Ele nos diz claramente que enfrentaremos problemas (Jo 16:33). Embora nossa casa esteja de pé, não seremos poupados do açoite de ventos fortes (Mt 7:25-27). Tempos difíceis virão. Vieram para Ele também.

Jesus ainda era popular quando pregava Seu Sermão no monte. Logo, as coisas mudariam. Ele seria caçado de cidade em cidade (Lc 13:31), Seu administrador roubaria Seus fundos (Jo 12:4-6), uma trama para tirar

Sua vida seria engendrada (11:47-53), uma trama que no final teria sucesso — com algumas das mesmas pessoas que agora se maravilhavam com Suas palavras, mais tarde gritando ao pedir Sua morte e crucificação. Jesus dará tudo de si para obedecer ao Pai. Ele estará perfeitamente na vontade de Deus. E o resultado? Torrentes, inundações, ventanias — provação. Mas a provação será seguida por uma poderosa ressurreição.

"Eu me seguro em duas promessas de Jesus", o homem que tinha uma criança violenta continuou. "Ele prometeu estar conosco até o fim dos tempos e enxugará todas as lágrimas dos nossos olhos" (Mt 28:20; Ap 21:4). A presença de Jesus e sua esperança era o que mantinha esse homem.

Refletindo nas palavras dele e de outros que eu ouvi naquele dia, entendi uma coisa: cada pessoa enfrentara dores tremendas e questionara a Deus quanto a isso, mas todos eles ainda estavam servindo a Deus de maneiras profundas e com uma profunda sabedoria nascida de suas provações.

Suas casas haviam sido assoladas, mas permaneciam firmes de pé. Todos assustados, mas resilientes.

> Eu lhes disse essas coisas para que em mim vocês tenham paz. Neste mundo vocês terão aflições; contudo, tenham ânimo! Eu venci o mundo.
>
> JOÃO 16:33

O que o ajuda a passar por tempos difíceis?
Como aquelas duas promessas de Jesus podem fortalecê-lo hoje?

Jesus não é um **SAGAZ PALESTRANTE MOTIVACIONAL**, vendendo fórmulas de sete passos para a felicidade num piscar de olhos. Ele nos diz claramente que **ENFRENTAREMOS PROBLEMAS.** Tempos difíceis virão. Vieram para Ele também.

Jesus dará tudo de si para obedecer ao Pai. Ele estará **PERFEITAMENTE NA VONTADE DE DEUS.** E o resultado? Torrentes, inundações, ventanias — provação. Mas a provação será seguida por uma **PODEROSA RESSURREIÇÃO.**

SheridanVoysey.com/Resilient

DO SOFRIMENTO AO SERVIÇO

> Quando Jesus viu sua mãe ali,
> e, perto dela, o discípulo a quem ele amava,
> disse à sua mãe: "Aí está o seu filho".
>
> JOÃO 19:26

Merryn e eu havíamos enfrentado alguns dos ventos mais fortes da vida. O pior até aqui ocorreu quando começamos a tentar ter uma família. Depois do que se tornou uma longa jornada de dez anos — tentando tudo desde dietas especiais, orações de cura, fertilização *in vitro*, dois longos anos de espera na lista de adoção da Austrália —, nós colocamos um ponto final no nosso sonho de paternidade e nos mudamos para a Inglaterra para começar de novo.

—Como você estão agora? — meu amigo Adrian perguntou alguns meses depois enquanto andávamos no parque.

—No geral, estamos bem — respondi. —Merryn tem um bom trabalho agora e não chora mais tanto por causa do passado. Acho que estamos tentando focar no lado positivo de não ter filhos e nas oportunidades que isso nos dá. Como ter liberdade para viajar.

—Entendo — disse Adrian —, mas isto só levará até aí.

Andamos mais um pouco antes de ele explicar o que queria dizer.

—Pense em Jesus na cruz — ele disse. —A crucificação era um evento bárbaro, terrível. Não havia lado positivo nela. E Jesus nunca tentou encontrar um. Ao contrário, Ele fez algo bem diferente. Sheridan, você já notou para quantas pessoas Jesus ministrou enquanto estava pendurado na cruz? Ele ministrou à Sua mãe...

—Você quer dizer, deixando-a aos cuidados de João (Jo 19:26-27)?

—Isso mesmo. E ministrou ao ladrão ao Seu lado (Lc 23:39-43), e às pessoas que o crucificaram (23:33-34). Com Sua atitude e comportamento, ministrou ao oficial romano que veio a crer nele (23:47), e Ele ministrou a nós, perdoando nossos pecados através do Seu sacrifício. Tudo isso foi feito em meio ao sofrimento de Jesus, antes de as coisas ficarem boas na Sua ressurreição.

Eu nunca tinha visto isso dessa forma antes.

—Pode haver algum benefício no fato de você e Merryn não terem filhos — Adrian disse. —Mas, em outros momentos, você achará difícil e solitário. Porém, se você segue o exemplo de Jesus, de seu sofrimento surgirão oportunidades de servir pessoas de maneira que você nunca poderia servir.

A sabedoria de Adrian logo daria frutos. Baseado em suas palavras, eu escreveria a história de Merryn e a minha num livro que poderia ajudar outros a começarem de novo depois de terem seus sonhos desfeitos.[54] Nosso sofrimento começaria a ser redimido.

—Para Jesus, a crucificação foi um campo missionário — Adrian disse, terminando nossa caminhada no parque. —E com ele, o fruto do nosso sofrimento pode servir para outros também.

> ...que nos consola em todas as nossas tribulações, para que, com a consolação que recebemos de Deus, possamos consolar os que estão passando por tribulações.
>
> 2 CORÍNTIOS 1:4

Como a experiência de dor o ajudou a desenvolver empatia pelos outros?
De que outra maneira o sofrimento pode ser transformado em serviço?

DA FRAQUEZA AO PODER

*Disse Jesus: "Nem ele nem seus pais pecaram,
mas isto aconteceu para que
a obra de Deus se manifestasse na vida dele...".*

JOÃO 9:3

No dia 4 de dezembro de 1982, nasceu um menininho chamado Nicholas Vujicic. À medida que crescia, aprendia a escovar seus dentes, pentear os cabelos e se vestir a cada manhã. Como outros meninos, ele aprendeu a nadar, pescar e jogar futebol. Mas sempre houve uma grande diferença entre Nick e aqueles ao seu redor. Nick nasceu com uma rara enfermidade, a tetra-amelia — ele não possui braços nem pernas.

Como você pode imaginar, a vida de Nick tem tido sua cota de sofrimento. Sua anomalia foi um choque para seus pais e sua igreja. Como Deus poderia ter permitido isso? Debochavam do Nick na escola e aos 8 anos ele tentou se afogar na banheira. Ele orava todos os dias para o Deus de milagres, mas nunca acordou com membros.

A virada do Nick aconteceu quando ele leu uma história sobre Jesus. Estando com Seus discípulos um dia, Jesus se encontrou com um homem cego (Jo 9:1-9). Como o homem era cego de nascença, os discípulos ponderavam sobre a causa. "Mestre, quem pecou: este homem ou seus pais, para que ele nascesse cego?" (9:2). De acordo com a sabedoria daquele tempo, não há sofrimento sem pecado — uma doença como a cegueira é causada pelos pecados dos pais ou pelos pecados do próprio cego, talvez ainda no ventre da mãe. Jesus fala que não era nem um caso, nem outro. Aquele homem nascera cego, disse Jesus, "para que a obra de Deus se manifestasse na vida dele" (9:3). "Aqueles versos mudaram minha vida para sempre," Nick me disse. Agora ele via que a sua deficiência poderia ser usada por Deus.[55]

Como Jesus diz em Seu Sermão, as tempestades da vida virão — e às vezes essas tempestades serão problemas crônicos que nos rodeiam por anos, até mesmo por toda a vida. Mas o Deus que escolhe tribos pequeninas para abençoar o mundo (Dt 7:7), faz cair gigantes pelo braço de uma criança (1 Sm 17:50), vem para os pequenos e fracos (Lc 1:52), faz dos menores os maiores (Mt 19:30) e arrola as pessoas "pequenas" como Seus agentes de transformação, vira as coisas de cabeça para baixo e do avesso fazendo das nossas limitações a arena para a Sua força. Como Ele disse ao apóstolo Paulo, "pois o meu poder se aperfeiçoa na fraqueza" (2 Co 12:9). Para o cego de nascença, o poder de Deus foi visto na milagrosa restauração da sua visão (Jo 9:11). Para Nick Vujicic, ele é visto nas pessoas transformadas através da vida dele. Hoje Nick sobe aos palcos ao redor do mundo falando em conferências e compartilhando sua fé. Como resultado, milhares de pessoas têm entregado sua vida a Jesus.

Portanto, nós transformamos as palavras de Jesus em ações, nosso sofrimento em serviço e o assistimos usar nossas fraquezas para demonstrar Seu poder. "Quando Deus não lhe dá um milagre", diz Nick, "você é um milagre de Deus para outra pessoa."

> Três vezes roguei ao Senhor que o tirasse de mim.
> Mas ele me disse: "Minha graça é suficiente para você,
> pois o meu poder se aperfeiçoa na fraqueza".
>
> 2 CORÍNTIOS 12:8-9

> Qual a "deficiência" que você deseja que Deus lhe tire?
> Como o poder de Deus pode ser revelado por meio dela?

VIVENDO COM ESPERANÇA

Ele perguntou: "Por que vocês estão com tanto medo, homens de pequena fé?". Então ele se levantou e repreendeu os ventos e o mar, e fez-se completa bonança.

MATEUS 8:26

Em janeiro de 2010, o Haiti foi atingido por um terremoto de tal magnitude que 250 mil casas e outros 30 mil prédios foram destruídos, matando cerca de 300 mil pessoas. E ainda mais vidas foram perdidas por uma epidemia de cólera que varreu o país alguns meses depois. Os filósofos têm um nome para esse tipo de devastação. Eles o chamam de *mal natural*. Com seus terremotos, fomes, doenças e aflições, o mundo pode ser um lugar hostil para se viver.

Visitei o Haiti poucos anos antes do terremoto. Lá, eu encontrei muitas adolescentes "restaveks" — servas domésticas — que eram tratadas como escravas. Elas eram sobrecarregadas pelos seus donos e frequentemente apanhavam quando estavam muito exaustas para completar suas tarefas. Isso é chamado de *mal moral* — o mal que surge do coração humano. Nós sabemos muito bem o quanto os males morais infectam o mundo.

Enquanto eu estava no Haiti, um pastor me falou sobre os efeitos do vodu em seus praticantes. Os participantes convidam espíritos para os possuírem, eles entram em transe, frequentemente mudam de personalidade e podem cortar-se ou praticar outros atos violentos. Nós podemos chamar isso de *mal demoníaco* — o mal originário do reino espiritual das trevas. Mas temos uma boa notícia: Jesus veio para derrotar todas as três formas de mal no mundo! De fato, nós logo o veremos em ação.

Depois de Seu Sermão, Jesus desceu a encosta e foi até uma pequena vila de pescadores, chamada Cafarnaum. Na descida, Ele curou um homem leproso, o servo de um oficial romano e a sogra de Pedro, antes de entrar num barco, ser pego por uma tempestade e acalmá-la com um simples comando (Mt 8:1-15; 23-27). Durante aquele dia, Ele demonstrou muitas vezes o Seu poder contra o mal natural.

Jesus já havia combatido o mal moral através do Seu Sermão. Seu chamado para viver uma vida de amor e serviço transformaria trapaceiros como Zaqueu (Lc 19:1-10). E agora Jesus reenquadra a moral contemporânea tocando num leproso e respondendo ao pedido de um oficial romano — aceitando as pessoas "impuras", que os bons judeus deviam rejeitar.

E quando o Seu barco alcança o outro lado do Lago da Galileia, Jesus encontra o mal demoníaco bem de perto através de dois homens tremendamente aflitos (Mt 8:28-34). Eles são violentos, autodestrutivos e é impossível contê-los (Mc 5:4-5), mas Jesus os liberta com uma palavra.

As torrentes e tempestades não estarão sempre conosco. Aquele que acalma as ondas com uma palavra e os ventos com um comando um dia trará harmonia à Sua criação e restauração completa para nossa vida. Até lá, viveremos com esperança. Ele continua Sua obra por intermédio de nós e retornará um dia em pessoa para completá-la.

É só uma questão de tempo.

> Ela nos ensina a renunciar à impiedade e às paixões mundanas e a viver de maneira sensata, justa e piedosa nesta era presente, enquanto aguardamos a bendita esperança: a gloriosa manifestação de nosso grande Deus e Salvador, Jesus Cristo.
>
> TITO 2:12-13

Como você tem visto Jesus erradicar o mal de sua vida?
Por que você acha que Ele está demorando para retornar?

COMPARTILHANDO ESPERANÇA

Como sabem, foi por causa de uma doença
que lhes preguei o evangelho pela primeira vez.

GÁLATAS 4:13

Certa vez, um missionário contou-me uma história fascinante. Ele estava servindo na Estônia e viu muitos estonianos surdos se tornarem seguidores de Jesus. Como eles vieram a crer num Deus milagroso, aqueles cristãos surdos oravam fervorosamente por sua cura. E Deus restaurou milagrosamente a audição de dois deles. Mas o milagre carregou uma consequência inesperada. "Imediatamente depois de serem curados, os dois saíram da comunidade surda", o missionário disse. "Foi aí que os outros entenderam que sua surdez era um presente que os capacitava a alcançar um segmento da sociedade que ninguém mais conseguiria."

O apóstolo Paulo teve uma experiência parecida. Ao que parece, ele nunca planejou visitar a província romana da Galácia durante suas primeiras viagens missionárias. Uma doença o forçou a ir para lá (Gl 4:13). Fosse seu "espinho na carne" (2 Co 12:7), uma enfermidade como a malária que ele podia ter contraído na Panfília (At 13:13), ou um problema de vista (veja Gl 4:15), nós não sabemos. Mas Paulo buscou um clima diferente, acabou na Galácia e, mesmo estando doente, começou a falar sobre Deus. Ironicamente, o Espírito Santo fez um milagre através desse homem enfermo, e a igreja dos gálatas surgiu (3:2-5). Isso poderia nunca ter acontecido se não fosse pela enfermidade de Paulo.

Jesus, que opera milagres, que erradica o mal, está se movendo, realizando milagres hoje como o vimos fazer antes e depois do Seu Sermão. Como resultado, podemos esperar que ele faça o surpreendente quando nós oramos. Mas Nick Vujicic, os estonianos cristãos e o apóstolo Paulo descobriram que, às vezes, Deus retém os milagres para nos fazer compartilhar nossa esperança com outros.

Uma vez, perguntei aos meus amigos das mídias sociais se eles tinham visto Deus trabalhar assim, e uma mulher chamada Virgínia contou a sua história. Quinze anos antes, ela havia lutado com um distúrbio alimentar depois de um difícil rompimento. Quando ela chegou no fundo do poço, acabou num hospital pesando só 36 quilos. Lá, ela se encontrou com outra garota — a mais doente daquela ala, pesando menos 25 quilos — que escreveu um versículo bíblico num papel e entregou a ela. "Tudo posso naquele que me fortalece" (Fp 4:13). Virgínia tornou-se cristã, casou-se e teve filhos. Ela dava todo o crédito ao testemunho daquela garota doente, mas fiel, que se dispôs a alcançá-la.

Um dia, Deus vai libertar o mundo de todas as enfermidades. Enquanto isso, ele pode usá-las para o bem, transformando nossa enfermidade em oportunidades para compartilhar a esperança com aqueles que necessitam dela.

> Pois os nossos sofrimentos leves e momentâneos
> estão produzindo para nós uma glória eterna
> que pesa mais do que todos eles.
>
> 2 CORÍNTIOS 4:17

Você tem visto Deus transformar a enfermidade para o bem? Como podemos seguir o exemplo de Paulo, dos cristãos estonianos e da amiga da Virgínia quando estivermos doentes?

VISLUMBRANDO O FUTURO

> Mas de fato Cristo ressuscitou dentre os mortos,
> sendo as primícias dentre aqueles que dormiram.
>
> 1 CORÍNTIOS 15:20

Para a mente moderna, pode ser difícil aceitar os milagres. O fato de a ciência ter descoberto as leis da natureza torna um Deus que intervém, de certa forma, menos crível. A medicina, não a oração, é o que se crê que cura os corpos das pessoas nestes tempos. Coincidência, não providência, ganha o crédito quando uma necessidade é misteriosamente suprida. Num mundo secular, nós supomos que membros inexistentes não crescem, visão perdida não se recupera e homens mortos não retornam à vida. Ou retornam?

Em outubro de 2008, o Dr. Sean George, um médico especialista, estava dirigindo de Esperance para Kalgoorlie, nos campos de ouro do oeste da Austrália, quando começou a sentir uma dor no peito. Ligou para sua esposa, Sherry, para que ela soubesse, e dirigiu-se à clínica mais próxima. Quinze minutos depois, ele estava morto. Durante 55 minutos administraram a ressuscitação cardiopulmonar e choques elétricos, mas não conseguiram trazer o Sean de volta.

Sherry entrou no quarto e quase desmaiou com o choque de vê-lo deitado inerte, com uma linha reta no monitor de eletrocardiograma. "Sherry, eu sinto muito, mas Sean se foi", disse-lhe o médico emergencista. "Eu lhe darei dois minutos para você se despedir." Sherry caminhou para junto da maca, tomou a mão de Sean e em desespero orou: "Senhor, Sean só tem 39 anos, eu só 38, e nós temos um filho de 10 anos. Preciso de um milagre".

Naquele momento, a equipe médica relatou que o corpo sem vida de Sean, respirou fundo e seus batimentos cardíacos começaram a ser registrados no monitor. Os equipamentos médicos confirmaram que ele voltara à vida. Sean contou-me o seu milagre e ele estava completamente são.[56]

O ceticismo quanto aos milagres vem de longa data. O apóstolo Paulo confrontou o cinismo dos coríntios quanto à ressurreição (1 Co 15:12).

Ele os relembra que a ressurreição corporal de Jesus é o fundamento da fé cristã e, se não fosse verdade, a fé seria vã — estaríamos perdidos em nossos pecados (15:17). Paulo também diz que a ressurreição de Jesus é o protótipo da nossa própria ressurreição (15:21-23). Um dia, Aquele que ensinava na encosta do monte vai se levantar e transformar nossos corpos da mesma maneira que seu corpo foi ressuscitado e transformado.

A ressurreição de Jesus é o fundamento da nossa fé e o modelo do que nos espera no futuro. Quando Jesus ressuscita mortos agora, Ele está nos dando um vislumbre do dia em que Céu e Terra serão feitos novos e nossos corpos doloridos serão totalmente transformados.

Isso é resiliência.

> E, se o Espírito daquele que ressuscitou Jesus
> dentre os mortos habita em vocês, aquele que ressuscitou
> a Cristo dentre os mortos também dará vida a seus
> corpos mortais, por meio do seu Espírito, que habita em vocês.
>
> **ROMANOS 8:11**

Alguma vez você duvidou da ressurreição física de Jesus?
Como a nossa esperança de ressurreição futura
afeta nossa maneira de viver hoje?

PROVANDO DO CÉU

Neste monte o Senhor dos Exércitos
preparará um farto banquete para todos os povos,
um banquete de vinho envelhecido,
com carnes suculentas e o melhor vinho.

ISAÍAS 25:6

Depois de lançarmos o livro contando nossa história, Merryn e eu recebemos centenas de e-mails de leitores. A maioria veio de pessoas que nos diziam que o livro os tinha ajudado a começar de novo depois de terem seus próprios sonhos frustrados. Mas, para nossa surpresa, um deles era de um produtor de TV. Pouco tempo depois, uma equipe de filmagem estava indo para Oxford para fazer um documentário sobre nós.

As semanas anteriores à filmagem foram intensas. Havia muita coisa para preparar, ao mesmo tempo que ajudávamos os produtores a escolher locações, fornecedores de alimento e roupas. Encontramos até uma bicicleta tandem para a produção.

Entre nós dois, Merryn sempre foi a mais reservada, e pensar em descrever nossa jornada para uma câmera deixou-a compreensivelmente ansiosa. Também nos sentimos vulneráveis ao confiar nossa história aos cuidados de outrem. Será que gostaríamos do que veríamos?

Mas, depois que toda a filmagem e edição foi feita, o documentário ficou muito bonito — particularmente a cena final, cujo centro é um jantar. Você vê uma sedosa toalha de mesa delicadamente colocada sobre a nossa mesa, os talheres ao redor de cada prato, uma comida deliciosa e os copos sendo cheios. Você vê os convidados chegando, as pessoas rindo. Você vê que a vida pode ser boa mesmo depois de um sonho frustrado.

O Sermão de Jesus é prático, terrestre — fundamentado nos desafios do mundo real que temos nesta vida, mas nunca perde de vista o futuro. Jesus aponta para aquele dia quando as recompensas serão distribuídas no Céu (Mt 5:12; 6:20), e uma característica daquele evento é que seu ponto alto será um grande banquete com as comidas e os vinhos mais deliciosos e finos (Is 25:6; Ap 19:6-7). Esse futuro banquete estará na mente de Jesus quando Ele mesmo participar de um jantar — e deve relembrar Seus anfitriões das pessoas inesperadas convidadas para o banquete de Deus (Lc 14:15-24). Então, na noite anterior à Sua morte, Jesus transformará a refeição de Páscoa em algo que aponta para aquele futuro banquete também (Mt 26:29).

Isso significa que, cada vez que nós compartilhamos o pão e o vinho da Ceia do Senhor, temos um vislumbre desse grande banquete. Mas não só isso: creio que *cada* refeição ou jantar festivo que desfrutamos podemos ser uma degustação do que virá. Ao colocar a toalha na mesa e distribuir os talheres, nos lembramos que um lugar está sendo preparado para nós no banquete de Deus. Quando os pratos forem passados e os copos cheios, sentiremos os aromas daquelas iguarias futuras. Os nossos convidados chegam e os risos começam, podemos começar a sentir isto: que um dia, todo o estresse e lágrimas e sonhos desfeitos de nossa vida irão passar.

Um dia nós vamos tomar nossos lugares numa mesa cheia de alegria.

Regozijemo-nos! Vamos nos alegrar e dar-lhe glória!
Pois chegou a hora do casamento do Cordeiro,
e a sua noiva já se aprontou.

APOCALIPSE 19:7

Como você poderia fazer da hora da refeição
uma "degustação" do Céu?
Como você pode ecoar o grande banquete
trazendo convidados diversificados
aos seus jantares festivos (Lc 14:12-14)?

PRATICANDO A RESSURREIÇÃO

> Portanto, meus amados irmãos,
> mantenham-se firmes, e que nada os abale.
> Sejam sempre dedicados à obra do Senhor, pois vocês
> sabem que, no Senhor, o trabalho de vocês não será inútil.
>
> 1 CORÍNTIOS 15:58

Os seguidores de Jesus esperam ansiosamente por dois eventos: nossa ressurreição pessoal para a nova vida, e a "ressurreição" de nosso planeta sofrido para um novo mundo de paz, beleza e alegria. Contudo, embora ambos acontecerão no futuro, Jesus diz que esses eventos servem para moldar nossa oração e trabalho *agora*, enquanto o reino de Deus vem à Terra como é no Céu. Nossa esperança futura molda nosso trabalho no presente.

Podemos nos inspirar em grupos como a comunidade *Simple Way* (Jeito Simples) na Filadélfia, Pensilvânia. Poucos anos atrás, Shane Clairborne e seu amigo se mudaram para um distrito da cidade, Kensington, onde a pobreza e o crime eram abundantes. E lá, usando uma frase bonita do poeta Wendell Berry, eles começaram a "praticar a ressurreição". Transformaram prédios abandonados em centros comunitários onde crianças em situação de risco podiam receber ajuda com as tarefas de casa. Fizeram lotes cheios de mato em jardins urbanos, plantando flores em velhos aparelhos de TV e monitores de computadores. Pintaram murais coloridos nas paredes deprimentes dos velhos blocos de cortiços. Realizavam festas na rua com malabaristas e artistas, entregando material escolar e compartilhando sobre Jesus. Marcharam pela paz, fizeram campanhas pela justiça e dormiram nas ruas com os sem teto. Quando uma criança disse que era mais fácil conseguir uma arma que uma salada na vizinhança, o pessoal da *Simple Way* construiu uma estufa para plantar verduras e legumes para compartilhar. A comunidade passou a tornar "coisas feias em coisas bonitas e a trazer coisas mortas para a vida".[58] Seguindo o Sermão do Monte e inspirados pela visão do Céu, eles estão dando à sua comunidade um vislumbre do novo mundo de Deus.

Ao longo dos anos, o Sermão do Monte tem sido interpretado de várias maneiras. Alguns acham suas demandas éticas tão grandes, que sentem só poder aplicá-las numa era futura, não na de hoje. Ou que seu propósito principal é convencer-nos do pecado e de nossa necessidade de salvação, não de guiar nossa vida agora. Mas Jesus não nos escusa tão facilmente. Diz que temos que agir de acordo com cada palavra que Ele disse. O Céu pode estar a caminho, mas esta vida também importa.

O apóstolo Paulo entendeu isso. Depois de falar muito sobre a ressurreição — como aconteceria e como nossos corpos seriam —, ele termina com um chamado à ação: devemos trabalhar com "dedicação para o Senhor", sabendo que "o trabalho de vocês, no Senhor, não será inútil" (1 Co 15:58). Quando o dia do julgamento chegar, nosso trabalho não será desperdiçado, e a vida será transformada. O que começou agora será aperfeiçoado depois.

A esperança futura motiva a ação presente. Nosso trabalho agora é praticar a ressurreição.

> Conscientes disso, oramos constantemente por vocês, para que o nosso Deus os faça dignos da vocação e, com poder, cumpra todo bom propósito e toda obra que procede da fé.
>
> 2 TESSALONICENSES 1:11

Quais os dons, talentos e habilidades práticas que você tem?
Como você pode usá-los para
"praticar a ressurreição" na sua comunidade?

VIVENCIANDO A DOR

Quanto a você, uma espada atravessará a sua alma.

LUCAS 2:35

O Convento do Monte da Graça em North Yorshire é um dos monastérios medievais mais bem conservados da Inglaterra. Por centenas de anos, monges cartuxos viveram lá em isolamento, devotando-se à oração. As ruínas do convento são impressionantes, mas, quando eu as visitei, foi um monumento mais recente que captou minha atenção.

Dentro da igreja no centro do convento, fica uma escultura chamada *A Madona da Cruz*. Feita pelo artista Malcolm Brocklesby, ela representa a mãe de Jesus, Maria, levantando seu filho recém-nascido para o céu. "Bem-aventurados os que choram", disse Jesus em Seu Sermão, e se havia alguém que choraria, seria Sua própria mãe. Há muitos aspectos impressionantes na escultura, como a postura de Maria (determinada, em vez de perturbada) e sua expressão (serena, em vez de agoniada). Mas, talvez, o mais impressionante é que ela se põe em forma de uma cruz. Como Brocklesby escreve no letreiro, Maria sabe do sofrimento inerente ao seu chamado e ao chamado de seu Filho. A cruz seria uma parte inevitável da existência dela.

Desde cedo, Maria soube que sua tarefa de ser mãe do Messias seria dolorosa. Como Simeão lhe disse, "quanto a você, uma espada atravessará a sua alma" (Lc 2:35). Certamente a profecia se cumpriu na crucificação de Jesus. Maria fica olhando seu Filho, agora levantado numa cruz sangrenta e lascada (Jo 19:25). Ele está sofrendo e é inocente. Ela o ama além das palavras. Mesmo aqui, Jesus se preocupa com o bem-estar dela, colocando-a aos cuidados de João. Uma espada atravessa a alma de Maria quando uma espada atravessa o lado de seu Filho.

Há um preço para cada um de nossos chamados. Uma atriz que eu conheço perde oportunidades no cinema porque se recusa a fazer cenas explícitas por causa de sua fé. C. S. Lewis nunca recebeu uma cátedra na Universidade de Oxford por causa dos seus escritos cristãos. William

Willberforce provavelmente perdeu a chance de ser Primeiro-ministro britânico por resistir ao comércio de escravos. Florence Nightingale enfrentou anos de oposição de sua família de classe alta, que se sentia desgostosa por ela se dedicar ao um trabalho "comum" de enfermeira. O apóstolo Paulo foi chicoteado, surrado, apedrejado, encarcerado, naufragado, caçado e deixado com fome e frio enquanto seguia o seu chamado (2 Co 11:23-27). Jesus diz que há um preço para segui-lo, e uma cruz para carregarmos também (Lc 14:26-33).

Mas há uma razão por que a escultura de Brocklesby mostra Maria serena, em vez de ansiosa. "Ela está olhando para além do Calvário, para a ressurreição", diz ele. Apesar do preço, nenhum dos citados acima faria diferente. Eles embarcaram numa aventura redentora com Deus que era ousada e arriscada, uma aventura de significado eterno.

Assim, refletindo sobre a escultura de Brocklesby, perguntei-me: Serei como Maria, aceitando o sofrimento inerente ao meu chamado? Olharei como Maria para além da cruz em direção à ressurreição? Abraçarei a dor que é necessária para cumprir a minha própria tarefa? Também olharei para além, direto para a vitória?

Essas são as características da vida resiliente.

> Portanto, não se envergonhe de testemunhar do Senhor, nem de mim, que sou prisioneiro dele, mas suporte comigo os sofrimentos pelo evangelho, segundo o poder de Deus.
>
> 2 TIMÓTEO 1:8

Como você permanece encorajado quando fica difícil seguir a Jesus? Você também pode dizer hoje: "Eu sofrerei por Ele"?

ENFRENTANDO A REALIDADE

Jesus respondeu: "Vocês pensam que esses galileus eram mais pecadores que todos os outros, por terem sofrido dessa maneira?".

LUCAS 13:2

Conheci Mike numa conferência. Durante nossa conversa, notei uma mancha avermelhada na sua têmpora direita, a qual, mais tarde ele explicou, era um câncer de pele. Mike tinha passado por duas operações que fracassaram. Então, ele me disse que foi todo ouvidos quando uma senhora aproximou-se dele na igreja e lhe disse que Deus lhe havia dito porque o câncer não havia sido curado ainda.

—Deus disse que pode ser por uma dessas três razões, ela disse.

Uma de três? Mike pensou. *Você quer dizer que nem Deus sabe ao certo?*

—Pode ser uma maldição passada de seus pais...

É culpa de meus pais que eu tenha câncer de pele?

—Ou é um pecado secreto em sua vida

Qual deles? (Mike pode ser atrevido).

—Ou falta-lhe fé para ser curado.

É natural buscar razões por que você e outras pessoas sofrem. Pesquisadores da resiliência dizem que os humanos se recuperam melhor quando conseguem encontrar algum sentido para sua dor. Mas temos que ter cuidado com respostas simplistas ou superespiritualizadas para a dor e suas causas. Como já vimos, Jesus relutava em dar respostas simples ao sofrimento humano.

Jesus reconhece que o pecado pode causar enfermidades (Mt 9:1-8), mas, quando lhe perguntam sobre o homem ter nascido cego, Jesus responde que não tinha nada ver com pecados dele ou de seus pais. Quando lhe falam sobre alguns galileus mortos por Pilatos, Jesus disse que eles não eram mais pecadores do que ninguém — tampouco as vítimas do recente colapso da torre de Siloé (Lc 13:1-5). E, embora a fé tenha o seu papel na cura (Mc 9:14-29), ela não é uma fórmula mágica. Encontramos crentes fiéis como Paulo, Timóteo e Trófimo enfermos na Bíblia.

Então o que podemos dizer sobre o sofrimento que poderá dar um sentido para ele? Uma coisa é entender o sofrimento dentro no grande drama de quatro atos da história:

1.º Ato: Deus cria um mundo de paz e beleza (Gn 1–2).
2.º Ato: A queda da humanidade traz o mal e o sofrimento para o mundo (Gn 3).
3.º Ato: Deus começa a restaurar o mundo por meio da nação de Israel, por intermédio da vida, morte e ressurreição de Jesus e agora através da Sua Igreja (2 Co 5:18-21).
4.º Ato: Um dia, Ele completará a Sua obra erradicando a morte, a tristeza e a dor para sempre (Ap 21–22).

Estamos no meio do 3.º Ato agora, e ainda não no 4.º Ato. Enquanto Jesus realiza a Sua obra, milagres como o de Sean George acontecerão — mas não seremos livres das tristezas e dores até que a cena final desse drama chegue e uma história completamente diferente se inicie.

—Poderia haver uma quarta possibilidade para o meu câncer?, Mike perguntou à senhora na sua igreja no decorrer de sua conversa.

—Qual?, perguntou ela.

—Que eu não tenha usado um chapéu sempre que exposto ao sol quando eu era mais jovem? (Eu disse que ele poderia ser atrevido).

Essa questão salientada por Mike é importante. Num mundo caído, torres caem, pessoas nascem cegas, o sol queima mais do que nossa pele pode suportar... e pode não haver outra razão além dessa. Essa é a realidade que temos de enfrentar. Ainda não estamos no 4.º Ato, mas ele está chegando.

> Ele enxugará dos seus olhos toda lágrima.
> Não haverá mais morte, nem tristeza, nem choro,
> nem dor, pois a antiga ordem já passou.
>
> APOCALIPSE 21:4

Quando a calamidade bate, você assume que foi causada pelo pecado de alguém?
Você já superespiritualizou a dor?

EXPRESSANDO O LAMENTO

Até quando, Senhor? Para sempre
te esquecerás de mim?
Até quando esconderás de mim o teu rosto?

SALMO 13:1

Sofrendo muito, ela se senta em seu quarto — olheiras, lágrimas correndo pelo seu rosto, um olhar distante. Desde sua adolescência, ela adora o Todo-poderoso, mas há lacunas em sua vida — espaços vazios, buracos, dores e anseios e desejos não satisfeitos. E ela tem orado. Como ela tem orado pedindo a intervenção de Deus, para conceder os desejos do seu coração ou tirá-los de uma vez!

A maioria de nós conhece alguém para quem as tormentas da vida têm sido particularmente violentas. Talvez seja uma dor crônica, passar pela perda de um filho, ter algum querido assassinado ou experimentar um sonho desfeito — uma carreira fracassada, um casamento que nunca aconteceu, ou outras decepções esmagadoras. Talvez você tenha passado por coisas assim também. Se passou, você sabe que pode ser pouco confortante ouvir que o sofrimento é uma realidade a ser enfrentada, que Deus pode transformá-lo em serviço, que nossa dor pode se tornar força e nossa fraqueza, poder. Em nossos momentos mais angustiantes, nós queremos que o Todo-poderoso intervenha *imediatamente*. E algumas vezes Ele não o faz. Isso pode nos deixar tristes, solitários, fracos e até irados.

O que me espanta é que esses mesmos sentimentos são validados nas Escrituras. Quase a metade do livro de Salmos é composta de "salmos de lamento": clamor de protesto, desespero, dúvida e queixas. "Senhor, até quando ficarás olhando?" (Sl 35:17). "De noite estendo as mãos sem cessar", diz Asafe, "a minha alma está inconsolável!"(Sl 77:2). "Lembra-te de como é passageira a minha vida", clama Etã, "Terás criado em vão todos os homens?"(89:47). "Todo o meu ser estremece", diz Davi. "Até quando, Senhor, até quando?" (6:3). À medida que o Espírito inspirava os escritores bíblicos, Ele não sentiu nenhuma compulsão de deixar de fora essas emoções fortes — mesmo quando elas eram dirigidas a Deus. Nas Escrituras, decepções e frustrações andam de braços dados com adoração e louvor. É impressionante que Deus nos dê os melhores argumentos contra si mesmo.

Lamento tem a ver com ser honesto com Deus. Não arrogante, nem exigente, mas honesto. Às vezes a vida vai mal. Você pode achar que Deus o deixou na mão, então, expresse seu lamento!

Alguns de nós podem se sentir desconfortáveis com isso. Não deveríamos demonstrar respeito a Deus? Sempre! Não deveríamos confiar a Ele todas as coisas? Sim! Mas ainda podemos ser honestos com Ele sobre nossa dor de longa data. O Salmo 13 pode nos guiar nisso. Davi começa o salmo em desespero, dizendo: "Até quando, Senhor? Para sempre te esquecerás de mim?" (13:1). Mas Ele termina com esperança, dizendo: "Eu, porém, confio em teu amor; o meu coração exulta em tua salvação" (13:5). Porém sua afirmação vem somente depois de ele expressar agonia, tristeza e frustração ao longo do caminho (13:2-4).

As tempestades da vida virão. Durante essas noites escuras e frias de dificuldades, nós podemos expressar nosso lamento. O pregador desse Sermão faz isso. "Meu Deus! Meu Deus! Por que me abandonaste?". Jesus clamou, proferindo um salmo de lamento na cruz (Sl 22:1; Mt 27:46).

Nossa garota ainda está sentada em seu quarto. Lá, ela está com seu coração pesado e com um rosto borrado de rímel. Como poderemos ajudá-la? Dizendo-lhe para se animar porque não pode ser tão ruim assim? Dizendo-lhe que pare de se preocupar e que confie em Deus? Fazendo o que os amigos de Jó fizeram, tentando teologizar a causa dos problemas dela? Em vez disso, que tal sentar-se ao seu lado em silêncio enquanto ela soluça e ajudá-la a oferecer sua tristeza a Deus?

> Volta-te, Senhor! Até quando será assim?
> Tem compaixão dos teus servos!
>
> SALMO 90:13

Você se sente confortável ao ser completamente honesto com Deus? Você consegue deixar os outros sofrerem sem tentar explicar ou resolver seus problemas?

VENDO DEUS

Disse ele: "Mulher, por que está chorando?
Quem você está procurando?".

JOÃO 20:15

Era tarde quando o telefone tocou. A chamada era de uma amiga nossa que se casaria em alguns meses. Uma semana antes, nós nos juntamos a Narelle e seu noivo, Daniel, na festa de noivado. Havia muita comida e risos e felicidades para eles, e a mesa de Narelle estava cheia de presentes. Mas senti que ela não estava feliz naquela noite.

"Dan terminou o noivado", ela disse, antes de começar a chorar. Merryn e eu fomos a sua casa. Narelle estava sentindo-se confusa, é claro, e rejeitada. Logo, ela estaria enfrentando a tarefa humilhante de devolver os presentes para quem os deu e explicando o porquê. O pior é que, alguns anos antes, um outro noivo também havia terminado o noivado da mesma maneira. Narelle estava na escuridão.

Sabemos que a escuridão tomou conta da terra durante a crucificação de Jesus (Mc 15:33). A escuridão pairou em muitos corações nos dias que se seguiram. Estava sobre Maria Madalena enquanto ela estava diante da fria tumba vazia no domingo de Páscoa (Jo 20:1-11). Ela estava fraca de tanta tristeza. O horror de ver seu Amigo amado, inocente, morto piorou com o fato de que parecia que haviam roubado Seu corpo da tumba.

A escuridão pairava sobre Cleopas quando ele andava pelo caminho de Emaús (Lc 24:13-32). Ele estava confuso. Aquele que ele esperava que fosse libertar os judeus de seus inimigos fora crucificado. Não era assim que as coisas deveriam terminar.

A escuridão pairava sobre Pedro enquanto ele voltava para seu antigo trabalho de pescador (Jo 21:1-3). Ele estava aturdido com o que havia acontecido e se sentia envergonhado. Dissera que seguiria Jesus até o fim, mas acabou negando-o três vezes (18:17; 25-27). E a escuridão pairava sobre Tomé ao sentar-se com os discípulos, cheio de dúvidas e perguntas (20:24-25). Toda essa conversa estranha sobre Jesus ter sido visto novamente...

Maria, Cleopas, Pedro e Tomé — cada um deles estava na escuridão. E ali é onde Jesus se encontra com eles. Logo Maria é abordada por uma figura enigmática que no fim era Jesus disfarçado (Jo 20:12-16). Logo Cleopas teve seus olhos abertos para ver que era seu Senhor ressurreto que estava andando ao seu lado (Lc 24:30-32). Logo Pedro veria Jesus e teria sua vergonha removida (Jo 21:7,15-19). E Tomé veria Jesus e suas dúvidas seriam respondidas (20:26-28).

É um paradoxo! Durante os momentos escuros da vida, frequentemente questionamos a bondade de Deus ou lamentamos Sua suposta ausência. No entanto, para muitos através da história, tem sido nesses momentos escuros que se conhece a Deus mais profundamente.

Algumas semanas depois do término do noivado, eu e Merryn estávamos num estudo bíblico com Narelle e algumas outras pessoas. No final do estudo, perguntei se havia pedidos de oração. Narelle começou a chorar, e eu assumi que sabia o porquê, mas estava enganado.

—Não quero pedir nada a Deus — ela disse. —Quero agradecer-lhe, pois tenho passado por tempos muito escuros recentemente, mas eu nunca tinha sentido Deus tão perto de mim como agora. E ela derramou mais lágrimas de gratidão.

Bem-aventurados os que choram porque eles serão confortados.

> Meus ouvidos já tinham ouvido a teu respeito,
> mas agora os meus olhos te viram.
>
> JÓ 42:5

> Você já experimentou a proximidade de Deus
> durante um tempo de escuridão?
> Como você pode ser a voz e as mãos de Deus
> para alguém passando por dificuldades?

DEIXANDO UM LEGADO

Tendo, pois, Davi servido ao propósito de Deus
em sua geração, adormeceu, foi sepultado
com os seus antepassados e seu corpo se decompôs.

ATOS 13:36

Na Grã-Bretanha, as residências das pessoas famosas são destacadas por pequenas placas azuis. As casas de Mozart, Charles Dickens e Jane Austen são marcadas assim; em Liverpool, a casa onde John Lennon viveu também. Em uma placa numa casa famosa aqui em Oxford se lê: C. S. Lewis, intelectual e autor, viveu aqui entre 1930-1963. Muitos escritores, cientistas, políticos e artistas contemporâneos sonham em ter uma placa azul para serem lembrados.

O ser humano, através da história, tem tentado de várias maneiras assegurar sua posteridade. Os governantes antigos ergueram palácios, estátuas, arcos triunfais e outros monumentos para a sua glória. Outros tiveram seus retratos pintados ou publicaram suas memórias. Monarcas oravam por um filho para perpetuar o nome da família. E esse impulso para a posteridade não se limita aos poderosos. Lá no fundo, todos nós esperamos que nossa vida e realizações continuem vivas depois de nossa partida. Ó, ter um legado como o de C. S. Lewis! Como escritor, eu gostaria que meus livros fossem lidos pelas gerações futuras.

Tenho impressão de que esse impulso para posteridade seja parte desse anseio que cada um tem pela eternidade (Ec 3:11). Queremos continuar vivendo além de nossa vida terrena, mas esse impulso tem um lado negativo: podemos buscar nossa glória, em vez da glória de Deus e, ao tentar ser conhecido pelas futuras gerações, podemos perder de vista o servir à nossa própria geração. O apóstolo Paulo colocou a vida do rei Davi em perspectiva dizendo: "Tendo, pois, Davi servido ao propósito de Deus em sua geração, adormeceu, foi sepultado com os seus antepassados e seu corpo se decompôs" (At 13:36). O foco de Paulo é que Jesus, e não Davi, é o Rei (13:34-37). Mas, ao longo do caminho, Paulo diz algo tremendo para nós: O foco de Davi era fazer a vontade de Deus para a sua *própria* geração. Qualquer legado além deste depende de Deus. As estátuas de Lenin, Stalin e Hussein foram derrubadas, e outros monumentos cairão no futuro. Como os estudiosos nos dizem, as tempestades das quais Jesus fala em Seu Sermão incluem não só as provações da vida, mas o julgamento final também (Mt 25:31-46). Um dia Jesus retornará, limpará o mundo do mal e exigirá que prestemos conta de nossa vida (Rm 14:10-12). Os orgulhosos serão retirados, os hipócritas, desmascarados, os falsos profetas, revelados, todos os destinos serão selados. Os seguidores de Jesus serão resilientes em meio a tudo isso porque Ele levou os nossos pecados na cruz (Rm 3:21-25; 8:1). Mas, no dia do julgamento, Ele quer ver mais do que placas comemorativas como nossas realizações. Tudo o que nós fizemos será esquadrinhado (1 Co 3:13-15). Somente os atos de amor permanecerão. Seremos recompensados por vivermos da maneira que Ele pediu.

Eu gostaria que meus livros passassem gerações como os de C. S. Lewis fazem. Mas, mesmo que eu tivesse metade de seu talento, essa decisão estaria fora do meu controle. Ao contrário, eu sou chamado a colocar o Sermão de Jesus em ação servindo a *esta* geração com todos os dons, capacidade e amor que tenho. Qualquer legado além desse depende dele, e isso é libertador.

> Deus não é injusto; ele não se esquecerá
> do trabalho de vocês e do amor que demonstraram por ele,
> pois ajudaram os santos e continuam a ajudá-los.
>
> **HEBREUS 6:10**

Como você pensa em deixar um legado?
Como você pode servir melhor a esta geração?

O DEUS SURPREENDENTE

Quando Jesus acabou de dizer essas coisas, as multidões estavam maravilhadas com o seu ensino, porque ele as ensinava como quem tem autoridade, e não como os mestres da lei.

MATEUS 7:28-29

À s vezes me pergunto como era antes da criação vir a existir. Os anjos ficaram surpresos quando Deus esboçou planos para um Universo que Ele não precisava? Eles devem ter ficados surpresos da mesma forma que ficaram quando viram as primeiras águas correndo e as montanhas surgindo do meio dos mares, quando viram o primeiro pássaro alçar voo e os primeiros humanos abrirem seus olhos.

Deus surpreendeu Abraão com uma promessa, Sara com um filho e Moisés com uma sarça ardente que nunca se queimava. Todo o Israel andava maravilhado de olhos arregalados ao seguir a nuvem e o fogo, ao andar ao lado de paredes de água e ao fugir para uma nova terra.

Deus surpreendeu Isaque com uma esposa, e Jacó teve um sonho. Ele surpreendeu Samuel com sua voz e a Elias com um sussurro. Deus surpreendeu Davi com um reinado, Salomão com sabedoria, Ezequias com vida e Isaías com uma visão. Depois, Deus surpreendeu uma adolescente com a visita de um anjo.

A criança nascida para aquela moça surpreendeu os estudiosos com seu conhecimento de Deus. Depois de amadurecer e aprender um ofício, Ele surpreendeu aqueles ao Seu redor ao sair em missão. Naquela missão, Ele surpreendeu os cegos abrindo seus olhos e aos atormentados por demônios lançando os demônios nos porcos. Surpreendeu as mulheres encurvadas endireitando suas costas e os convidados de um casamento transformando água em vinho. Surpreendeu os pobres com Sua atenção, as crianças com sua afeição, os leprosos com a purificação e os pecadores com restauração. Foi uma surpresa quando esse Senhor retornou à vida depois de morto e ofereceu perdão àqueles que o traíram.

E ao pregar Seu Sermão no monte, Ele surpreendeu a todos que o ouviam (Mt 7:28-29). Abençoou os pobres e os atribulados, não os ricos e os que estavam bem, e disse que tais pessoas simples mudariam o mundo. Disse que os conflitos são resolvidos amando os oponentes, oferecendo a outra face e caminhando um quilômetro extra. Reescreveu as regras do viver com os outros, igualou o ódio com assassinato e derrubou os costumes com relação aos votos. Ele disse que os pássaros podem nos ensinar sobre confiança e que os nossos melhores desejos podem nos ajudar a fazer escolhas. Disse que a fraqueza pode se tornar força e que o sofrimento pode se tornar serviço... que a vida resiliente é vivida colocando Suas palavras em prática.

Colocando *Suas* palavras em prática. A coisa mais surpreendente tem sido isto: o peso das palavras de Jesus. Ele não falava como os outros mestres com uma autoridade emprestada. Não disse "a lei lhes diz" ou "Moisés diz." Não falou como um profeta, adicionando "assim diz o Senhor" aos Seus pronunciamentos. Ele foi mais audacioso do que isso. Sem cuidado ou desculpa, Ele disse "eu lhe digo," "*Minhas* palavras," e "Eu digo" por todo o Sermão. Cada uma de suas palavras ecoou com autoridade divina.

E agora, que surpresas *nos* esperam ao aceitarmos Seu desfio? Ao aceitarmos o Seu convite para sermos perdoados, restaurados, abraçados e recompensados? Ao aceitarmos o chamado para sermos sal, luz e amor neste mundo? Ao desenvolvermos coração e palavras santos, compromissos e promessas santos, ao doarmos, orarmos e confiarmos como Ele demonstrou? Ao sermos guiados pelo Seu livro, Sua voz e Seu Espírito? Ao transformarmos Suas palavras em ações com toda a força que temos e praticarmos a ressurreição com toda a criatividade que pudermos reunir? Aqui está a promessa ao seguirmos adiante em nossa vida com este Deus de surpresas:

> No final de nossos dias, vamos terminar fortes, tendo encontrado a resiliência de uma vida moldada à semelhança de Jesus.
> E nós desfrutaremos de Suas surpresas contínuas para sempre.
> E eles reinarão para todo o sempre.
>
> APOCALIPSE 22:5

Se você fosse escrever uma história curta
sobre sua vida, o que ela diria?
Depois de fazer esta jornada através do Sermão de Jesus,
como você viverá de forma diferente do que viveu até aqui?

Que surpresas nos esperam ao aceitarmos o Seu **DESAFIO?**

Ao aceitarmos o chamado para sermos *sal*, *luz* e *amor* neste mundo?

Ao desenvolvermos *coração e palavras santos*, compromissos e promessas santos?

Ao **TRANSFORMARMOS SUAS PALAVRAS EM AÇÕES** com toda a força que temos e praticarmos a ressurreição com toda a criatividade que pudermos reunir?

Sheridanvoysey.com/Resilient

NOTAS BIBLIOGRÁFICAS

1. Willard, Dallas, *A Conspiração Divina: Um Roteiro para Trilhar no Caminho de Deus*, São Paulo, Ed. Mundo Cristão, 2001.
2. Ver Willard, Dallas, *A Conspiração Divina*, cap. 4; McKnight, Scot, *The Story of God Bible Commentary: Sermon on the Mount*, Grand Rapids, Zondervan, 2013, pp. 32-38.
3. Estudiosos como Kenneth Bailey me persuadiram a pensar que Jesus não nasceu num estábulo, mas num quarto de hóspedes numa casa de família onde traziam os animais à noite para dormir. Para maiores explicações leia: http://www.biblearchaeology.org/post/2008/11/08/the-manger-and-the-inn.aspx#Article (acessado 5 de maio de 2015).
4. Willard, Dallas, *A Conspiração Divina: Um Roteiro para Trilhar no Caminho de Deus*, São Paulo, Ed. Mundo Cristão, 2001.
5. Por exemplo, uma busca no Google AdWords da frase "significado da vida" mostrou cerca de 500.000 buscas por mês. https://adwords.google.com (acessado 5 de janeiro de 2012). E, para registro, não acho que esses buscadores estavam procurando pela esquete de Monty Piton com o mesmo nome.
6. Agradeço a Richard Foster e a Katryn A. Helmers pelas perspectivas exploradas em *Vida com Deus: Lendo a Bíblia para a Transformação Espiritual*, São Paulo, Editora Ictus, 2009.
7. O estudioso do Novo Testamento Scot McKnight destila o que Jesus quis dizer com "bem-aventurados" nas Bem-aventuranças. *The Story of God Bible Commentary: Sermon on the Mount*, p. 36.
8. Wright, N. T., *Simplesmente Jesus*, São Paulo, Editora Thomas Nelson, 2020.
9. Algumas das cidades incluídas na região de "Decápolis", a maioria com população e cultura gentia.
10. Stott, John, *The Message of the Sermon on the Mount*, Leicester, IVP, 1990, .p. 67.

11. Citado em Colson, Chuck e Santilli, Ellen, *The Body*, Texas, Word, 1992, p. 279.
12. O "tempero de Deus" e "as cores de Deus" são as frases usadas por Eugene Petersen para Mateus 5:13-14 na Bíblia *A Mensagem*, São Paulo, Ed. Vida, 2011.
13. Essa história me foi recontada num programa de entrevistas no rádio por Andrae Crouch, em maio de 2001.
14. Eles são relacionados em Rm 12:4-8, 1 Co 12:12-31, Ef 4:7-13 e resumidos em 1 Pe 4:10-11.
15. Bede reconta a história de Caedmon no quarto livro de sua *Ecclesiastical History of England* (História Eclesiástica da Inglaterra) completado mais ou menos no ano 731 d.C. e disponível online no http://www.ccel.org/ccel/bede/history.html.
16. Entrevista de Oprah no *Piers Morgan Tonight*, 17 de janeiro de 2011, em http://transcripts.cnn.com/TRANSCRIPTS/1101/17/pmt.01.html.
17. Para exemplos sobre o tema, veja http://en.wikipedia.org/wiki/Oprah_Winfrey#Spiritual_leadership (acessado em janeiro de 2015).
18. Nowen, Henri J.M., *Pobres Palhaços em Roma: reflexões sobre solidão, celibato, oração e contemplação*, São Paulo, Editora Vozes, 1997.
19. A história de François e Epiphanie é contada em *Retratos da Reconciliação: 20 anos depois do genocídio em Ruanda, reconciliações ainda acontecem em um encontro de cada vez* pelo fotógrafo Pieter Hugo e Susan Dominus, *The New York Times Magazine*, 6 de abril de 2014, encontrada em www.nytimes.com/interactive/2014/0406/magazine/06-pieter-hugorwand-portraits.html (acessado em 20 de novembro de 2014).
20. Professor John Cacioppo, Universidade de Chicago, citado em *Isolating the Cost of Loneliness*, de Eric Jaffe, *Observer magazine*, volume 21, número 11, Dezembro de 2008, encontrado em http://www.psychologicalscience.org/index.php/publications/observer/2008/december-08/isolating-the -costs-of-loneliness.html (acessado em 24 de novembro de 2014).
21. Lewis, C. S., *O Grande Abismo*, São Paulo, Editora Vida, 2006, capítulo 2.

22. Para saber mais sobre os efeitos da pornografia em indivíduos e na sociedade, ver Tankard, Melinda e Bray, Abigail (editoras), *Big Porn Inc.: Exposing the Harms of the Global Pornography Industry* (North Melbourne, Spinifex Press, 2012).
23. Para receber ajuda online, visite www.xxxchurch.com. Para software, visite www.x3watch.com.
24. Embora fosse menos comum, as mulheres podiam instigar divórcios naquele tempo também, entretanto era bem mais difícil. Veja McKnight, Scot, *The Story of God Bible Commentary: Sermon on the Mount* (Grand Rapids, Zondervan, 2013) p. 98-99.
25. O'Brien, Julia M. (editor), *The Oxford Encyclopedia of Bible and Gender Studies* (Oxford, Oxford University Press, 2014) p. 223.
26. Nowen, Henri J. M., *Pobres Palhaços em Roma: reflexões sobre solidão, celibato, oração e contemplação*, São Paulo, Editora Vozes, 1997.
27. Ibid.
28. Alguns intelectuais questionam se "não resistam ao perverso" é a melhor tradução para este versículo, sugerindo "não retaliem vingativamente", que está mais próxima do original grego. Para saber mais, veja Wink, Walter, *The Powers That Be: Theology for a New Millennium*, Nova Iorque, Galilee, 1998, p. 98. e Stassen, Glen H., *Living the Sermon on the Mount: A Practical Hope for Grace and Deliverance*, São Francisco, Jossey-Bass, 2006, p. 91.
29. Para saber mais sobre esta abordagem na leitura de Mt 5:38-41, ver Wink, Walter, *The Power That Be*, capítulo 5 e Stassen, Glen H., *Living the Sermon on the Mount*, pp. 89-98. Devo a Jarrod McKenna, ativista australiano da paz, que me incentivou a ir mais fundo nesses versículos e perceber seus intentos surpreendentes.
30. Conto essa história com mais detalhes em *Unseen Footprints: Encountering the Divine Along the Journey of Life*, Oxford, Lion Hudson, 2007, pp. 36-38 e 68-71.
31. Esta história é encontrada em Stok, Danusia (editora), *Kieslowski on Kieslowski*, Londres, Faber and Faber, 1993, p. 176.
32. Foster, Richard, *Celebração da Disciplina — O Caminho do Crescimento Espiritual*, São Paulo, Editora Vida, 2007.
33. Meacham, Steve, *Portrait of the artist as a madman*, The Sydney Morning Herald, 29 de agosto de 2002, encontrado em http://www.smh.com.

au/articles/2002/08/28/1030508072787.html (acessado dia 7 de maio de 2015).
34. Guiness, Os, *The Call: Finding and Fulfilling the Central Purpose of Your Life*, Nashville, W Publishing Group, 2003, p. 73.
35. Entretanto, Keilor poderia ter discutido a necessidade dos autores em serem honestos, em vez de fazer uma confissão pessoal. Veja sua entrevista com David Heim, *Wobegon Poets: A Prairie Poem Companion*, The Christian Century, 22 de março de 2003, encontrado em www.christiancentury.org/article/2003-03/wobegon-poets (acessado em julho de 2005).
36. Bailey, Kenneth E., *Jesus Pela Ótica do Oriente Médio. Estudos Culturais sobre os Evangelhos*, São Paulo, Editora Vida Nova, 2016.
37. Willard, Dallas, *A Conspiração Divina: Um Roteiro para Trilhar no Caminho de Deus*, São Paulo, Ed. Mundo Cristão, 2001.
38. O projeto tornou-se um website popular e uma série de livros: http://postsecret.com.
39. Veja Kendall, R. T., *Total Forgiveness*, Lake Mary, Flórida, Charisma House, 2007. Você pode ouvir minha entrevista com R. T. Em http://sheridanvoysey.com/023-the-seven-signs-of-forgiveness ou leia a transcrição em meu livro Open house Volume 2, Sydney, Strand, 2009.
40. "Mimi" recontou sua história quando ligou para o meu programa de rádio em 6 de abril de 2008.
41. Scot McKnight sugere que essa frase foi inspirada por 1 Crônicas 29:11-13 e adicionada enquanto os cristãos primitivos oravam publicamente o Pai Nosso, o que levou a ser adicionada, mais tarde, em algumas cópias do Novo Testamento. Embora elas não sejam palavras de Jesus, seu significado é bíblico.
42. Para saber mais sobre o jejum e obter dicas práticas, veja o capítulo 4 do clássico livro de Richard Foster, *Celebração da Disciplina*.
43. A propaganda era do jeans de Levi Strauss. Você pode assistir o comercial aqui: http://theinspirationroom.com/daily/2003/levi-501-jeans-baptised/ (acessado em janeiro de 2015).
44. Essas características foram resumidas do capítulo 2 de *The Selfish Capitalist: Origins of Affluenza*, Londres, Vermilion, 2008.

45. Uma interpretação é que as "pérolas" são o evangelho (veja Mateus 13:45-46) e os "porcos" são pessoas particularmente brutas, que são tão agressivas e abusivas a quem não se deve levar a mensagem de Jesus. Mas há alguém bom o suficiente para receber o evangelho ou ruim o suficiente para não o ouvir? Outra interpretação é que as pérolas não têm valor para os porcos, então o evangelho só deve ser levado àqueles que estão prontos para recebê-lo. Outros observam que os judeus frequentemente chamavam os gentios de "porcos" (isto é, impuros), então Jesus está dizendo que não se pregue aos gentios até que os judeus tenham ouvido o evangelho primeiro (veja Mateus 15:24). Todas essas sugestões são baseadas na ideia de que Jesus está falando sobre pregação aqui, mas isso parece um pouco forçado. Ele preparará Seus discípulos para pregar mais tarde (Mateus 10). O contexto imediato de Mateus 7 é correção, por isso interpretei assim.
46. Guiness, Os, *The Call*, p. 70.
47. Christine Sine, *What do I Want to Become?* htto://godspace-msa.com/2015/01/29/what-do-i-want-to-become/ (acessado em janeiro de 2015).
48. Você pode ler mais dessa história no capítulo 2 do meu livro *Resurrection Year: Turning Broken Dreams into New Beginnings*, Nashville, Thomas Nelson, 2013.
49. No Novo Testamento, Jesus cita Salmos (11 vezes) e Deuteronômio (dez vezes). Se deseja saber mais sobre isso, veja *Which Old Testament Book Did Jesus Quote Most?* em http://blog.biblia.com/2014/04/which-old-testament-book-did-jesus-quote-most/ (acessado em janeiro de 2015).
50. Adaptado de Plass, Adrian e Lucas, Jeff, *Seriously Funny 2*, Milton Keynes, Authentic, 2012, pp. 149-150.
51. Coelho, Paulo, *O Diário de um Mago*, São Paulo, Editora Paralela, 2017.
52. Citado no livro de Cyrulnik, Boris, *Resilience: How Your Inner Strength Can Set You Free from the Past*, Londres, Penguin, 2009, p. 156.
53. Seligman, Martin E. P., *Building Resilience*, Harvard Business Review, Abril de 2011, disponível em http://hbr.org/2011/04/building-resilience (acessado em fevereiro de 2015).

54. O livro é chamado *Resurrection Year: Turning Broken Dreams into New Beginnings*, Nashville, Thomas Nelson, 2011.
55. Você pode ler minha entrevista com Nick Vujicic em meu livro *Open House Volume 3* (Sydney, Strand Publishing, 2010) ou assistir em http://sheridan voysey.com/003-the-nick-vujicic-interview-podcast/.
56. Veja Voysey, Sheridan, *Open House Volume 3*, Sydney, Strand Publishing, 2010, para a transcrição da minha entrevista com Dr. George.
57. O curta-metragem *A Journey Through Broken Dreams*, Day of Discovery TV, 2014.
58. Para mais, ver Claiborne, Shane, *The Irresistible Revolution: Living as an Ordinary Radical*, Grand Rapids, Zondervan, 2006, pp. 121-123 e http://www.huffingtonpost.com/shane-claiborne/practicing-resurrection-t_b_1443621.html (acessado em março de 2014).

AGRADECIMENTOS

Este livro surgiu quando Andy Rogers, editor de aquisições da Discovery House, sugeriu que eu escrevesse um livro com reflexões sobre o Sermão do Monte. Numa linda reviravolta do destino, eu já havia rabiscado um esboço para tal livro caso a oportunidade de escrever surgisse. Desde então, tenho descoberto que Andy não é só um bom editor, mas também um guia maravilhoso no mundo dos livros. Que alegria trabalhar com você!

Um bom editor de cópia é um presente, e eu tive um em Paul Muckley, cuja habilidade gramatical, conhecimento bíblico, olho para detalhes e sugestões bem pensadas me ajudaram a comunicar minhas ideias muito melhor. Também sou grato à Miranda Gardner pela coordenação, a Dave Gavette e seu trabalho de acompanhamento das séries em vídeo e pela ajuda de John van der Veen, Josh Mosey e as equipes de marketing e vendas por tudo que fizeram para que livros como este chegassem às mãos dos leitores.

Por mais de uma década, tive o privilégio de escrever devocionais para *Nosso Andar Diário* (Publicações Pão Diário), onde muito deste livro foi primeiramente testado. Mesmo depois de trabalhar com eles todo esse tempo, ainda tenho a impressão de que Tom Felten e Cindy Kasper não têm pecados.

Benjamin Baade, Peter Baade, Allen Brown, Caroline Budgen, Ben e Heidi Goh, Alex Hugo e Jarrod McKenna proveram o feedback crítico e o encorajamento para o meu manuscrito, assim como meu pai Tony Voysey, cuja boa educação inglesa e os dias de editor o deixaram com uma habilidade incrível para apontar erros gramaticais à distância. Obrigado!

Nunca estou à vontade para enviar um livro para publicação até que Merryn Voysey tenha lido primeiramente. Ela leu este. Gostou do livro, e ele ficou melhor por causa das suas sugestões.

Meu objetivo para escrever *Resiliente* foi elaborar um livro devocional sobre o cerne dos ensinamentos de Jesus, não um comentário bíblico, nem um texto ético. O Sermão do Monte levanta muitas questões sobre o viver que não puderam ser discutidas aqui. Então, espero que você baixe o guia complementar grátis para indicadores de leituras adicionais. E pensar que tudo isto surgiu de um pequeno experimento com as palavras de Jesus!

Obrigado, Deus!